Gestión de Riesgos Empresariales

Series de Libros sobre el
CQRM Aplicado

Volumen IV

Aplicación de la Simulación de Riesgos de Monte Carlo,
Opciones Reales Estratégicas, Pronóstico Estocástico,
Optimización de Portafolios, Datos y Analítica de Decisiones

IIPER Press

IIPER
Press

Johnathan Mun, Ph.D.
California, USA

ROV Project Economics Analysis Tool

Este libro está dedicado a Jayden, Emma y Penny.

En un mundo en donde abunda el riesgo y la incertidumbre, ustedes son las únicas constantes en mi vida.

Dedicado a la memoria amorosa de mi mamá.

Deléitate en el Señor y Él te concederá los deseos de tu corazón.

Salmo 37:4

PRÓLOGO

La Serie de Libros sobre el CQRM Aplicado expone cómo la analítica avanzada que figura en el programa de Certificación en Gestión Cuantitativa de Riesgos (CQRM), se puede aplicar a los problemas de negocios en la vida real. En el Volumen IV, demostramos cómo se pueden aplicar estas analíticas en el contexto de la Gestión de Riesgos Empresariales, utilizando los registros cualitativos de riesgos y ampliando los resultados por medio de los métodos analíticos cuantitativos.

Se hace un énfasis en las aplicaciones pragmáticas con el fin de desmitificar los elementos inherentes al análisis de riesgos. Una caja negra continuará siendo una caja negra si nadie puede entender los conceptos a pesar de su poder y su aplicabilidad. Sólo hasta cuando los métodos de la caja negra se vuelven transparentes, para que los investigadores puedan entender, aplicar y convencer a otros de sus resultados, su valor agregado y la aplicabilidad, es que los enfoques recibirán una amplia atención. Esta transparencia se logra a través de las aplicaciones paso-a-paso de la modelación cuantitativa así como de la presentación de múltiples casos y de la discusión de las aplicaciones en la vida real.

El presente libro va dirigido a aquellas personas que han completado el programa de certificación CQRM; pero también lo pueden usar quienes estén familiarizados con los métodos básicos cuantitativos de investigación- hay algo para todos. Es un texto igualmente aplicable a nivel de segundo año de un MBA/MS o a nivel introductorio de un PhD. Los ejemplos que aparecen en el libro requieren de un conocimiento previo sobre el tema.

Para obtener información adicional sobre el programa CQRM, diríjase a los siguientes sitios Web:

www.iiper.org

www.realoptionsvaluation.com

www.rovusa.com

El Dr. Johnathan C. Mun es el fundador, presidente y CEO de Real Options Valuation, Inc. (ROV), una firma localizada al norte de Silicon Valley, California y que se enfoca en la consultoría, capacitación y desarrollo de software. Se especializa en opciones reales estratégicas, valoración financiera, simulación de riesgos de Monte Carlo, pronósticos estocásticos, optimización, analítica de decisiones, inteligencia de negocios, analítica de la salud, gestión de riesgos empresariales, gestión de riesgos de proyectos, métodos cuantitativos de investigación y análisis de riesgos. ROV cuenta con aliados alrededor del mundo incluyendo: Argentina, Beijing, Chicago, China, Colombia, Ghana, Hong Kong, India, Italia, Japón, Malasia, Ciudad de México City, Nueva York, Nigeria, Perú, Puerto Rico, Rusia, Arabia Saudita, Shanghai, Singapur, Eslovenia, Sur África, Corea del Sur, España, Reino Unido, Venezuela y Zurich, entre otros. ROV también tiene una oficina local en Shanghai.

A su vez, El Dr. Mun preside el Instituto Internacional de Educación Profesional e Investigación (IIPER), una organización acreditada mundialmente e integrada por profesores provenientes de importantes universidades alrededor del mundo y que otorga la Certificación en Gestión Cuantitativa de Riesgos (CQRM) y la Certificación en Gestión de Riesgos (CRM), entre otras. El Dr. Mun es el creador de varias herramientas poderosas de software, entre las que se encuentran: Risk Simulator, Real Options SLS Super Lattice Solver, Modeling Toolkit, Project Economics Analysis Tool (PEAT), Credit Market Operational Liquidity Risk (CMOL), Employee Stock Options Valuation, ROV BizStats, ROV Modeler Suite (Basel Credit Modeler, Risk Modeler, Optimizer, and Valuator), ROV Compiler, ROV Extractor and Evaluator, ROV Dashboard, ROV Quantitative Data Miner y otras aplicaciones de software así como el DVD de Capacitación en Análisis de Riesgo de ROV. Realiza seminarios públicos sobre análisis de riesgos y programas de CQRM. Cuenta con más de 21 patentes registradas y hay otras pendientes a nivel mundial. Ha escrito más de 26 libros publicados por John Wiley & Sons, Elsevier Science, IIPER Press, y ROV Press, incluyendo múltiples volúmenes de la Serie de CQRM Aplicado (IIPER Press, 2019-2020),

Modelación de Riesgos, Aplicando la Simulación Monte Carlo, Opciones Reales Estratégicas, Pronósticos Estocásticos, Optimización de Portafolios, Analítica de Datos, Inteligencia de Negocios y Modelación de Decisiones, Primera Edición (Wiley, 2006), Segunda Edición (Wiley, 2010), y Tercera Edición (ROV Press, 2015); *The Banker's Handbook on Credit Risk (2008)* [Manual del Banquero sobre Riesgo Crediticio]; *Advanced Analytical Models* [Modelos Analíticos Avanzados]: *250 Applications from Basel Accord to Wall Street and Beyond (Wiley 2008 y Thomson–Shore 2016)* [250 aplicaciones desde los Acuerdos de Basilea hasta Wall Street y Más Allá]; *Real Options Analysis: Tools and Techniques, First Edition 2003, Second Edition 2005, Third Edition 2016* [Análisis de las Opciones Reales: Técnicas y Herramientas] *Real Options Analysis Course: Business Cases -2003* [Curso de Análisis de Opciones Reales: Estudios de Caso (2003); *Applied Risk Analysis: Moving Beyond Uncertainty 2003* [Análisis Aplicado del Riesgo: Más Allá de la Incertidumbre -2003] y *Valuing Employee Stock Options - 2004* [Valoración de las Opciones sobre las Acciones de los Empleados]. Sus libros y software se utilizan en más de 350 de las mejores universidades del mundo, incluyendo: el Instituto Bern en Alemania, la Universidad Chung-Ang en Corea del Sur, la Universidad de Georgetown, ITESM en México, MIT, Escuela de Postgrados de la Marina Estadounidense, Universidad de Nueva York, Universidad de Estocolmo en Suecia, Universidad de los Andes en Chile, Universidad de Chile, Universidad de Hull, Universidad de Pennsylvania, Escuela Wharton, Universidad de Nueva York en el Reino Unido y la Universidad de Edimburgo en Escocia, entre otras.

En la actualidad, el Dr. Mun se desempeña como profesor de riesgos, finanzas y economía. Ha dictado cursos en gestión financiera, inversiones, opciones reales, economía y estadística a nivel universitario y de postgrado a nivel de Maestrías, Maestría en Administración de Empresas y Doctorados. Enseña y ha enseñado en universidades alrededor del mundo desde la Escuela de Postgrados de la Marina Estadounidense (Monterrey, California) y la Universidad de Ciencia Aplicadas (Suiza y Alemania) como profesor titular, hasta la Universidad de Golden Gate (California) y la Universidad de St. Mary (California). Ha presidido varias tesis de grado en investigación dentro de los MBA y en los comités de disertación de los Doctorados. Igualmente dicta semanalmente cursos públicos en Análisis de Riesgos, Análisis de Opciones Reales y Análisis de Riesgos para Gerentes, en donde los participantes pueden obtener certificaciones de realización del CRM y el CQRM. Es asociado principal del Centro Magellan e integra la Junta de Estándares de la Academia Norteamericana de Gestión Financiera.

Se desempeñó como Vicepresidente de Analítica en Decisioneering, Inc., en donde lideró el desarrollo de productos de software de opciones y analítica financiera, consultoría analítica, capacitación y soporte técnico y en dónde además fue el creador del software *Real Options Analysis Toolkit*, el más antiguo y menos poderoso antecesor del software *Real Options Super Lattice*. Antes de vincularse a Decisioneering, fue Gerente de Consultoría y Economista Financiero del área de Servicios de Valoración y de Finanzas Globales en KPMG Consulting y Gerente del área de Servicios de Consultoría Económica en KPMG LLP.

Cuenta con una amplia experiencia en modelación econométrica, análisis financiero, opciones reales, análisis económico y estadística. Durante su permanencia en Real Options Valuation, Inc., Decisioneering y KPMG Consulting, enseñó y asesoró distintos asuntos relacionados con opciones reales, análisis financiero, pronóstico financiero, gestión de proyectos y valoración financiera a más de 100 compañías multinacionales (entre sus clientes antiguos y actuales se encuentran: 3M, Airbus, Boeing, BP, Chevron Texaco, Financial Accounting Standards Board, Fujitsu, GE, Goodyear, Microsoft, Motorola, Northrop Grumman, Pfizer, Timken, Departamento de Defensa de los Estados Unidos, la Marina de los Estados Unidos y Veritas, entre muchas otros). Antes de vincularse a KPMG traía una experiencia como Director de Planeación Financiera y Análisis en Viking Inc. y en FedEx realizó trabajos de pronósticos financieros, análisis económico e investigación de mercado. Anterior a eso trabajó de manera independiente en planeación y consultoría financiera.

El Dr. Mun tiene un PhD en finanzas y economía de la Universidad de Lehigh en donde sus áreas de investigación e interés académico giraron alrededor de la inversión financiera, la modelación econométrica, las opciones financieras, las finanzas corporativas y la teoría microeconómica. Igualmente tiene un MBA, una Maestría en Ciencias de la Gestión y una Licenciatura en Ciencias (BS) en biología y física. Está certificado en Gestión de Riesgos Financieros, Consultoría Financiera y en Gestión Cuantitativa de Riesgos. Es miembro de American Mensa, *Phi Beta Kappa Honor Society*, y *Golden Key Honor Society*, así como de muchas otras organizaciones profesionales tales como: las Asociaciones Financieras del Este y del Sur, la Asociación Estadounidense de Economía y la Asociación Internacional de Profesionales de Riesgos.

Adicionalmente, el Dr. Mun ha escrito muchos artículos académicos que han sido publicados en: *Journal of Expert Systems with Applications; Defense Acquisition Research Journal; American Institute of Physics Proceedings; Acquisitions Research; Journal of the Advances in Quantitative Accounting and Finance; Global Finance Journal; International Financial Review; Journal of Financial Analysis; Journal of Applied Financial Economics; Journal of International Financial Markets, Institutions and Money; Financial Engineering News;* y *Journal of the Society of Petroleum Engineers.* Para finalizar, él ha contribuido con docenas de capítulos en libros y ha escrito más de cien artículos técnicos, boletines, estudios de caso y trabajos de investigación para Real Options Valuation, Inc.

JohnathanMun@cs.com

San Francisco, California

RECONOCIMIENTOS A LOS LIBROS
DEL DR. MUN

...poderoso conjunto de herramientas para los gerentes de portafolios/programas en la elección racional entre alternativas...
> Contralmirante James Greene (Ret.), Presidente de Adquisiciones de la
> Escuela Naval de Postgrados (USA)

...imprescindible para cualquier profesional...lógico, concreto y con un enfoque concluyente...
> Jean Louis Vaysse, Vicepresidente, Airbus (Francia)

...enfoque comprobado y revolucionario para cuantificar los riesgos y las oportunidades en un mundo incierto...
> Mike Twyman, Presidente, Mission Solutions,
> Cubic Global Defense, Inc. (USA)

... de lectura obligatoria para cualquiera que trabaje en economía e inversiones...es la mejor manera de cuantificar los riesgos y las opciones estratégicas...
> Mubarak A. Alkhater, Director Ejecutivo, Nuevos Negocios,
> Saudi Electric Co. (Arabia Saudita)

... técnicas de riesgos pragmáticas y poderosas, valiosas perspectivas teóricas y analíticas útiles en la industria...
> Dr. Robert S. Finocchiaro, Director,
> Servicios de I&D Corporativo, 3M (USA)

...las herramientas de riesgos más importantes en un sólo volumen, fuente definitiva en gestión de riesgos con ejemplos claros...
> Dr. Ricardo Valerdi, Sistemas de Ingeniería,
> Massachusetts Institute of Technology (USA)

...conceptos complejos paso-a-paso con inigualable facilidad y claridad... una "lectura obligatoria" para todos los profesionales...
> Dr. Hans Weber, Líder de Desarrollo de Productos,
> Syngenta AG (Suiza)

...claro enfoque paso-a-paso...última tecnología en la toma de decisiones para el mundo real de los negocios...
> Dr. Paul W. Finnegan, Vicepresidente, Alexion Pharmaceuticals (USA)

...claro mapa de ruta y alcance de temas para crear estrategias y opciones dinámicas y ajustadas a los riesgos...
Jeffrey A. Clark, Vicepresidente de Planeación Estratégica,
The Timken Company (USA)

...exploración claramente organizada y soportada en herramientas sobre los riesgos, las opciones y estrategias de negocios en la vida real,...
Robert Mack, Vicepresidente, Analista Distinguido,
Gartner Group (USA)

...gama completa de metodologías que cuantifican y mitigan los riesgos para lograr una gestión empresarial eficaz...
Raymond Heika, Director de Planeación Estratégica,
Northrop Grumman Corporation (USA)

...lectura obligatoria para los gerentes de portafolio de productos...captura la exposición al riesgo de las inversiones estratégicas...
Rafael Gutiérrez, Director Ejecutivo de Planeación de Mercadeo Estratégico, Seagate Technologies (USA)

...temas complejos explicados excepcionalmente...que se pueden entender y poner en práctica...
Agustín Velázquez, Economista Senior,
Banco Central de Venezuela (Venezuela)

...fuente permanente de aplicaciones prácticas con la teoría de gestión de riesgos...sencillamente excelente!
Alfredo Roisenzvit, Director Ejecutivo/Profesor,
Risk-Business Latin America (Argentina)

...el mejor libro de modelación de riesgos es ahora aún mejor...lectura necesaria para todos los ejecutivos...
David Mercier, Vicepresidente Corporativo Dev.,
Bonanza Creek Energy [Petróleo & Gas] (USA)

...puente entre la teoría y la práctica, intuitivo con interpretaciones comprensibles...
Luis Melo, Econometrista Senior,
Banco de la República de Colombia (Colombia)

...herramientas valiosas para que las compañías le generen valor a sus accionistas y a la sociedad inclusive en tiempos difíciles...
Dr. Markus Götz Junginger, Socio Principal,
Gallup (Alemania)

TABLA DE CONTENIDO

GESTIÓN DE RIESGOS EMPRESARIALES

En una organización, la Gestión de Riesgos Empresariales (ERM), abarca los métodos y procesos empresariales que se utilizan para identificar y gestionar los riesgos así como para aprovechar las oportunidades de impacto positivo, con el fin de lograr sus objetivos. Por ende, ERM proporciona un marco concreto de metodología en gestión de riesgos para identificar los eventos riesgosos o las condiciones relevantes para los objetivos, los riesgos y las oportunidades en una organización. Lo anterior lo logra por medio de la identificación y evaluación de estas condiciones en términos de *Probabilidad* o frecuencia de ocurrencia, así como de la magnitud del *Impacto* en la condición del riesgo, lo que determina la mitigación del mismo, la estrategia de respuesta post-riesgo y el monitoreo del progreso de estos controles del riesgo. Cuando las organizaciones identifican y abordan proactivamente los riesgos y las oportunidades, éstas pueden proteger y crear valor para sus partes interesadas o *stakeholders* (p.ej., propietarios, empleados, accionistas, ejecutivos, clientes, reguladores, naciones y sociedad en general).

Se suele describir a ERM como un enfoque basado en riesgos para la planeación estratégica. Igualmente, para gestionar una organización por medio de la integración de los controles internos de riesgos y los requisitos externos de cumplimiento de los riesgos (p.ej., COSO, ISO 31000:2009, Basilea III y la Ley Sarbanes–Oxley). Aplica a un amplio espectro de riesgos que enfrenta una organización para garantizar que dichos riesgos, sean identificados y gestionados adecuadamente. Los inversionistas, reguladores gubernamentales, bancos y agencias de calificación de riesgos, entre otras, tienden a escudriñar los procesos de gestión de riesgos de una organización como una métrica fundamental para su potencial de éxito.

Adicionalmente, las razones para que una organización implemente ERM, como mínimo, deben incluir las siguientes áreas de importancia:

- Alineación del Apetito de Riesgo y la Estrategia. Habitualmente, el Equipo Directivo tiene en cuenta el apetito de riesgo de la organización al momento de evaluar las alternativas de inversión estratégica, así como cuando se están planteando los objetivos y desarrollando los mecanismos para gestionar los riesgos. Esta táctica contribuye a la alineación de los objetivos de una organización con sus procesos empresariales.

- Optimización de las Decisiones de Respuesta al Riesgo. ERM ofrece un rigor cualitativo y cuantitativo para identificar y seleccionar entre las alternativas de respuestas al riesgo, incluyendo las opciones reales estratégicas y el análisis de alternativas para evitar, reducir, compartir, mitigar, y aceptar los riesgos.

- Reducción de las Sorpresas y Pérdidas Operacionales. Las organizaciones mejorarán sus capacidades para Identificar, Evaluar, Priorizar, Valorar, Diversificar y Mitigar las pérdidas potenciales por eventos riesgosos utilizando la analítica cuantitativa de riesgos avanzada. En lugar de identificar únicamente los riesgos de manera cualitativa, las organizaciones pueden traducir estos elementos cualitativos en modelos cuantitativos de riesgo en donde se puedan realizar Simulaciones de Riesgo de Monte Carlo, Modelación Estocástica, Optimización de Portafolios, Pronósticos Predictivos, Inteligencia de Negocios y Valoración y Modelación de Inversión de Capital.

- Identificación y Gestión de Múltiples Riesgos Correlacionados en Toda la Empresa dentro de un Entorno de Portafolio Corporativo. Toda empresa enfrenta una infinidad de riesgos que afectan distintas partes de la organización. ERM facilita una respuesta eficaz a estos impactos interrelacionados y correlacionados e integra las respuestas a múltiples riesgos. Los riesgos financieros y los riesgos en los proyectos de inversión de capital también se pueden manejar dentro del entorno de los proyectos de portafolios correlacionados, en donde los riesgos estén cubiertos y diversificados.

- Aprovechamiento de las Oportunidades. Los riesgos implican incertidumbres, y las incertidumbres llevan consigo riesgos de impacto negativo así como un potencial de crecimiento. Al tener en cuenta una gama completa de eventos y riesgos potenciales y al crear estrategias flexibles de inversión u opciones reales estratégicas, el Equipo Directivo estará en posición de aprovechar proactivamente las oportunidades de crecimiento, mientras que al mismo tiempo, mitigará los riesgos de impacto negativo.

- Optimización en la Implementación de Capital. Las Métricas Cuantitativas y Robustas de Riesgos y los Indicadores de Desempeño (KPI) que se generan como resultado de un proceso integral de ERM, le permitirán al Equipo Directivo evaluar eficazmente las necesidades generales de capital y optimizará su asignación de capital (p.ej., creando un portafolio de inversión eficiente sujeto a las restricciones presupuestarias, estratégicas, y de programación, entre otras).

ENFOQUES TRADICIONALES

Tradicionalmente, el proceso ERM supone una evaluación *cualitativa* de riesgos y su documentación. A continuación está el detalle del enfoque estándar y del proceso tradicional de ERM, que por su puesto, se puede modificar y adaptar para ajustarse a la organización, objeto del análisis. A lo largo del capítulo, revisaremos algunos de estos pasos para incluir los métodos de la Gestión Integrada de Riesgos (IRM)® y superponer en el proceso, las técnicas de gestión *cuantitativa* de riesgos.

- Establecer el respaldo del Equipo Directivo y una cultura de gestión de riesgos.

- Buscar la participación y supervisión de la Junta Directiva y del Equipo Directivo para analizar el marco de gestión de riesgos y sus beneficios. Igualmente, para lograr acuerdos sobre los objetivos y las expectativas de alto nivel con recursos y fechas previstas en relación con la gestión de riesgos y acorde con el plan estratégico de la organización.

- Revisar las prácticas existentes de ERM en la organización e identificar las áreas susceptibles de mejora.

- Facilitar la capacitación y las sesiones de trabajo iniciales para garantizar la participación y así establecer la cultura de gestión de riesgos con el personal clave involucrado en la implementación de ERM.

- Realizar discusiones de trabajo grupales con los *stakeholders* y el personal clave para identificar las fuentes de riesgo.

- Proporcionar la información para la implementación en el proceso de planeación estratégica del negocio.

- Coordinar el desarrollo, la implementación y el monitoreo de las métricas de riesgo identificadas.

- Documentar los inventarios y las mitigaciones de riesgos dentro de los Registros de Riesgos en la organización.

- Desarrollar los tableros de riesgos para presentarlos ante los tomadores de decisiones de alto nivel y la Junta Directiva.

- Evaluar la exposición al riesgo, y la idoneidad de la mitigación o el monitoreo de riesgos existente e identificar las oportunidades para optimizar las actividades de mitigación o monitoreo. Posteriormente sugerir y crear las mejores prácticas para los retornos ajustados de riesgos.

- Crear informes que proporcionen de manera eficaz y concisa, la inteligencia empresarial con base en las medidas de riesgo que el equipo directivo requiere para tomar decisiones financieras rentables.

- Establecer un proceso de elaboración de informes para el Equipo Directivo y la Junta.

- Establecer un grupo de trabajo gerencial para sustentar los recursos identificados e impulsar los esfuerzos de gestión de riesgos en toda la organización.

REGISTROS DE RIESGOS Y GESTIÓN BÁSICA DE RIESGOS EMPRESARIALES

El método típicamente tradicional de ERM utiliza los *Registros de Riesgos* que permiten sencillamente registrar todos los riesgos presentes o previstos. Cada *Elemento de Riesgo* (p.ej., cada elemento de riesgo que se registre en el Registro de Riesgos) puede incluir la información sobre el nombre del riesgo; la categoría o tipo de riesgo; quién lo reportó; quién es responsable o tiene el riesgo asignado; determinar si se requiere mitigar o controlar el riesgo; la persona de contacto; la documentación; y así sucesivamente. En ocasiones se incluye información adicional tal como la frecuencia, o *Probabilidad* y severidad, o el *Impacto,* que pueda tener el riesgo en la organización. Estas medidas de Probabilidad e Impacto usualmente son estimaciones cualitativas (alta, media, baja) o se les puede asignar valores numéricos (1 a 5 o 1 a 10, en dónde a más alta la frecuencia o severidad, más alto el valor asignado). También se sustentan los métodos alternativos utilizando la *Vulnerabilidad* (o el inverso de la cantidad completada de mitigación de riesgo) con múltiples controles de riesgo.

Claramente, la cantidad de información y detalle requeridos varía dependiendo de la organización. Una forma de pensar en los Registros de Riesgos se asemeja a un registro de cheques. Por ejemplo, si tiene una cuenta corriente, usted puede girar un cheque para pagar una factura específica; en ese único cheque usted escribe el nombre del destinatario, la fecha y el valor. Puede, naturalmente, girar múltiples cheques a distintos destinatarios. Y cada vez que se gira un cheque, usted registra dichos cheques en un registro de cheques (ya sea electrónicamente en un software contable o manualmente en un talonario físico de registro de cheques). Continuando con esta analogía, cada cheque representa un elemento de riesgo diferente y los múltiples elementos de riesgo conforman el Registro de Riesgos. Puede tener también varias cuentas bancarias, cada una con su propio registro de cheques, o, en otras palabras, una organización puede tener múltiples configuraciones de Registros de Riesgos, una para cada división o unidad de negocios o proyecto y así sucesivamente.

Sin embargo, el uso de los Registros de Riesgos por sí solos a menudo conduce a la toma de decisiones ritualistas, a una ilusión del control, a la falacia de una concreción extraviada y a la dependencia en las evaluaciones del riesgo puramente cualitativas. Aunque el uso de los Registros de Riesgos es un buen punto de partida, la Gestión

Integrada de Riesgos lleva esta evaluación cualitativa al siguiente nivel con enfoques mucho más poderosos de gestión cuantitativa de riesgos

EJEMPLO DE CASO: GESTIÓN DE RIESGOS HOSPITALARIOS

El Gráfico 1.1 muestra un ejemplo sencillo de un Registro de Riesgos en un hospital, en donde se han registrado ciertos tipos de eventos riesgosos (p.ej., suministro equivocado de dosis, fallas en los equipos, etc.) que han ocurrido dentro de departamentos específicos (p.ej., cirugía, cuidados intensivos) y el registro del número de eventos que ocurrieron dentro de un periodo de tiempo específico, así como otras notas cualitativas y detalles asociados. Así entonces es cómo usualmente se generan los informes. El Gráfico 1.2 presenta un informe periódico de muestra (p.ej., mensualmente) de otra organización que exhibe el número de eventos riesgosos que ocurrieron en el pasado.

[EXAMPLE] - ROV PROJECT ECONOMICS ANALYSIS TOOL

Archivo   Editar   Idioma (Language)   Decimales   Ayuda

Bienvenido a ROV Project Economics Analysis Tool (PEAT). El módulo GRE ayuda a Gestionar el Riesgo Empresarial a partir del diseño y modelado del Registro de Riesgos. Los resultados se presentan en Cuadros de Mando de Riesgo y se puede segmentar por: geografía, operaciones, productos, actividades y departamentos. Se puede agregar detalles adicionales como eventos de riesgo, compromisos y diagramas de riesgo. También se puede realizar análisis estadístico sobre los controles de riesgo, pronósticos y mitigación. El análisis de sensibilidad dinámico y la Simulación de Monte Carlo también se puede aplicar a varios niveles de riesgo, tanto diversificable como no diversificable y a cada nivel de costo.

ERM   Analítica Aplicada   Simulación de Riesgo   Centro de Conocimiento

Configuración Riesgo   Registro Riesgo   Tablero Riesgo   Eventos de Riesgo   Riesgo Engagement   Diagramas Riesgo   Controles Riesgo   Pronósticos Riesgo   Mitigación Riesgo

Entrada de Evento ERM   Entrada de Evento Personalizado   Reportes de Eventos

Inicie creando sus propios segmentos y listas personalizadas, luego cree una nueva base de datos o edite una existente. Seleccione el segmento relevante e ingrese la información del evento.

Seleccione un segmento: Personalizar...

Segmento
General
Cirugía
UCI
Ortopédica
Oncology
Registros médicos
Farmacia
Sala de operaciones

Guardar como una nueva base de datos: Guardar como

Eventos de riesgo hospitalario

Lista de Bases de Datos Guardadas:

Base de Datos

Eventos de riesgo hospitalaria

Nuevo   Eliminar

Editar   Guardar

No.	Nombre del Evento	Conteo	Fecha del Evento	Segmento Seleccionado	Ingresado por	Notas (Opcional)
1	Lesiones del personal	3	1/24/2014	General	Enfermera 155	
2	Lesiones del personal	6	3/27/2014	General	Enfermera 155	
3	Infección	2	3/27/2014	Surgery	DOC 15	
4	Fallas en el equipo	4	4/15/2014	ICU	Enfermera 254	
5	Temas ambulatorios	2	5/27/2014	Orthopedic	Enfermera 32	
6	Dosis incorrecta	1	6/30/2014	Pharmacy	Asist. De enfermera ...	
7	Dosis incorrecta	3	8/27/2014	Pharmacy	Asist. De enfermera ...	
8	Equipo faltante	2	4/15/2014	OR	Enfermera de sala d...	
9	Equipo faltante	6	10/27/2014	OR	Enfermera de sala d...	
10	Lesiones del personal	5	10/27/2014	General	Enfermera 155	
11	Infección	6	11/27/2014	Surgery	DOC 15	

Ingrese información opcional adicional:

Reported By: Slippage and minor scrapes
Causes: Leaks from ceiling pipes made the floor wet in Ortho Dept.
Consequences: A few minor slips and bruises
Supervisor: Jacky Smith
Reviewed By:
Witnessed By:
Other Info:
More Details:

Guardar

Gráfico 1.1: Ejemplos de Eventos de Riesgos en un Hospital

[EXAMPLE] - ROV PROJECT ECONOMICS ANALYSIS TOOL

Archivo Editar Idioma (Language) Decimales Ayuda

Bienvenido a ROV Project Economics Analysis Tool (PEAT). El módulo GRE ayuda a Gestionar el Riesgo Empresarial a partir del diseño y modelado del Registro de Riesgos. Los resultados se presentan en Cuadros de Mando de Riesgo y se puede segmentar por: geografía, operaciones, productos, actividades y departamentos. Se puede agregar detalles adicionales como eventos de riesgo, compromisos y diagramas de riesgo. También se puede realizar análisis estadísticos sobre los controles de riesgo, pronósticos y mitigación. El análisis de sensibilidad dinámico y la Simulación de Monte Carlo también se puede aplicar a varios niveles de riesgo, tanto diversificable como no diversificable y a cada nivel de costo.

ERM | Analítica Aplicadas Simulación de Riesgo Centro de Conocimiento

Configuración Riesgo Registro Riesgo Tablero Riesgo Eventos de Riesgo Riesgo Engagement Diagramas Riesgo Controles Riesgo Pronósticos Riesgo Mitigación Riesgo

Entrada de Evento ERM Entrada de Evento Personalizado Reportes de Eventos

Tabla de Riesgo | Gráfico de Riesgo

			Ene.	Feb.	Mar.	Abr.	May	Jun.	Jul.	Ago.	Sep.	Oct.	Nov.	Dic.
Total	168	100%	25	29	30	19	15	6	3	17	16	6		2
			14.88%	17.26%	17.86%	11.31%	8.93%	3.57%	1.79%	10.12%	9.52%	3.57%		1.19%
Subsegmentos	Conteo	%												
D-Oper	113	67.26%	19	18	28	6	15	6		17	4			
D-Finance	22	13.10%	2	9	8					3				
D-TI	21	12.50%	2	2	5					6	6			
D-Risk	6	3.57%	2						3				1	
D-Legal	6	3.57%		2						3				1

Empiece por seleccionar la base de datos para analizar:

ERM: 2014 Registro de eventos de riesgo

Luego, decida s desea correr un reporte para toda la organización o un segmento seleccionado con la organización. Si un segmento es requerido, seleccione la División Agrupada, GOPAD, o Categoría de Riesgo.

ERM: 2014 Registro en los Segmentos de GOPAD

● Todos los Riesgos en los Segmentos de GOPAD
○ Compare todas las Bases de Datos (Año por Año)
○ Reporte basado en la Selección del Segmento de Riesgo y Sub-se
　○ División　　● GOPAD
　○ Categoría　○ Administrador

● Mostrar inicio　5　Riesgos en Gráfico
○ Mostrar todos los riesgos en el Gráfico

Actualización　Copiar

Guardar como un Nuevo Reporte:

Monthly Breakdown of Risk Events 2014　　Guardar como

Lista de Reportes Guardados:

Reporte
Monthly Breakdown of Risk Events 2014
Annual Comparisons of All Events
Risk Events in Finance
Risk Events in Operations
Custom Hospital ERM Report

Nuevo　Editar　Guardar　Eliminar

Gráfico 1.2: Ejemplo de Informes sobre Eventos de Riesgo

En otros tipos de Registros de Riesgo, los valores de *Probabilidad (L)* e *Impacto (I)* se pueden utilizar e ingresar para cada elemento de riesgo, y el producto de estas dos variables se denomina el *Indicador Clave de Riesgo (KRI)*, en donde $KRI = L \times I$. Estos valores KRI pueden codificarse por colores dentro de las distintas regiones con base en sus respectivos valores. Por ejemplo, el Gráfico 1.3 muestra una matriz de 10 x 10 en donde las columnas que van de izquierda a derecha representan la Probabilidad del 1 al 10 (bajo a alto), y las filas de abajo hacia arriba, representan el Impacto del 1 al 10 (bajo a alto). Los valores dentro de cada una de las celdas representan los KRI, y la codificación por colores depende de los KRI calculados (usualmente, los valores de KRI más bajos son de color verde, los valores KRI medios son de color amarillo, y los valores de KRI altos son de color rojo). En una sección más adelante, mostramos ejemplos de cómo estos valores KRI se pueden incorporar dentro del Registro de Riesgos ERM. Como se verá más adelante, la codificación por colores, el tamaño de la matriz, y los rótulos por categorías se pueden personalizar según se requiera.

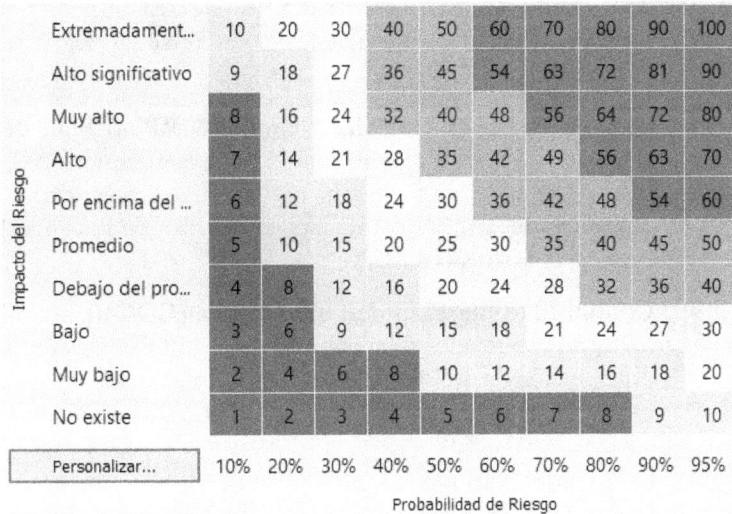

Impacto del Riesgo										
Extremadament...	10	20	30	40	50	60	70	80	90	100
Alto significativo	9	18	27	36	45	54	63	72	81	90
Muy alto	8	16	24	32	40	48	56	64	72	80
Alto	7	14	21	28	35	42	49	56	63	70
Por encima del ...	6	12	18	24	30	36	42	48	54	60
Promedio	5	10	15	20	25	30	35	40	45	50
Debajo del pro...	4	8	12	16	20	24	28	32	36	40
Bajo	3	6	9	12	15	18	21	24	27	30
Muy bajo	2	4	6	8	10	12	14	16	18	20
No existe	1	2	3	4	5	6	7	8	9	10
Personalizar...	10%	20%	30%	40%	50%	60%	70%	80%	90%	95%

Probabilidad de Riesgo

Gráfico 1.3: Matriz de Riesgos

En algunas organizaciones que enfrentan posibles exposiciones públicas al riesgo – tales como centrales nucleares, aerolíneas, firmas de exploración y perforación de petróleo y gas, bancos e instituciones gubernamentales o públicas –se les recomienda además tener documentación adicional sobre los riesgos. Esta documentación también forma parte del proceso tradicional de ERM. Como ejemplo, los siguientes son los procedimientos y la documentación típica que surge a partir de la planeación de los riesgos operacionales, y éstos se pueden personalizar según las necesidades particulares de una organización.

- **Plan de Continuidad del Negocio (BCP)** se enfoca en preservar las funciones del negocio durante y después de una alteración (p.ej., las funciones del negocio pueden incluir el proceso de nómina de una organización o un proceso de información sobre el consumidor). Se puede establecer un BCP para un proceso específico del negocio o para abordar todos los procesos fundamentales del mismo. En el BCP, los sistemas TI se tienen en cuenta por su soporte a los procesos del negocio. Se pueden anexar al BCP, un Plan de Recuperación de Desastres, un Plan de Reanudación del Negocio, y un Plan de Emergencia del Personal, según se requiera.

- **Plan de Recuperación del Negocio (BRP)** o **Plan de Reanudación de Negocio** se enfoca en la restauración de los procesos del negocio después de una emergencia. El desarrollo del BRP se coordinará con el Plan de Recuperación de Desastres y el BCP.

- **Continuidad del Plan de Operaciones (COOP),** se enfoca en restaurar las funciones esenciales principales de la organización en un sitio alternativo y ejecutar dichas funciones durante 4 semanas antes de retornar a las operaciones normales. El COOP se encarga de los asuntos a nivel de casa matriz y se desarrolla y ejecuta independientemente del BCP. El documento puede incluir la Delegación de Autoridad, las Órdenes de Sucesión y los Procedimientos para los Registros y Bases de Datos Vitales.

- **Continuidad del Plan de Apoyo** y **Plan de Contingencia de TI (Estrategia de Recuperación)** incluye el desarrollo y mantenimiento de la continuidad de los planes de apoyo para los sistemas generales de apoyo y los planes de contingencia para aplicaciones mayores.

- **Plan de Respuesta a los Incidentes Cibernéticos (CIRP)**, establece los procedimientos para enfrentar los ciberataques en contra del sistema de TI de una organización. El CIRP está diseñado para permitirle al personal de seguridad identificar, mitigar y recuperarse de los incidentes informáticos maliciosos, tales como el acceso no autorizado a un sistema o a los datos, la denegación del servicio, o los cambios sin autorización al hardware, software o datos del sistema (p.ej., lógica maliciosa, tales como un virus o gusano o Caballo de Troya).

- **Plan de Recuperación de Desastres (DRP)** es aplicable después de que los eventos catastróficos niegan el acceso a las instalaciones normales durante un periodo prolongado. Dependiendo de las necesidades de la organización, se pueden anexar varios DRP al BCP.

- **Plan de Gestión de Crisis (CMP)** y **Plan de Comunicación de Crisis (CCP)** describe en detalle la manera en que las organizaciones preparan sus procedimientos internos y externos antes y durante un desastre. El plan de comunicación de crisis lo desarrolla a menudo la organización que es responsable de su incidencia pública. Los procedimientos del plan están incluidos como un apéndice al BCP. El plan de comunicaciones incluye la designación de personas específicas para que sean las únicas autoridades que contesten las preguntas del público, relacionadas con la respuesta ante el desastre.

ERM INTEGRAL CON GESTIÓN CUANTITATIVA DE RIESGOS

Un verdadero proceso ERM integral de última generación debe incluir, como mínimo, los pasos y métodos cualitativos anteriormente descritos, además de las metodologías cuantitativas de IRM. En lugar de que el capítulo continúe describiendo los elementos adicionales y las listas con viñetas de los métodos y pasos, nosotros ilustramos los métodos cuantitativos de ERM por medio del Módulo ERM del software PEAT (Herramienta de Análisis Económico de Proyectos), que se presenta en el siguiente capítulo.

El software PEAT (Herramienta de Análisis Económico de Proyectos) se desarrolló a fin de realizar un análisis integral de la Gestión Integrada de Riesgos sobre las inversiones de capital, el flujo de caja descontado, el costo y la programación de la gestión de riesgos del proyecto, las aplicaciones de petróleo y gas, la analítica en salud y la Gestión de Riesgos Empresariales. Esta herramienta les será útil para estructurar una serie de proyectos u opciones de inversión de capital, modelar sus flujos de caja, simular sus riesgos, correr simulaciones avanzadas de riesgos, realizar analítica e inteligencia de negocios, correr pronósticos y modelar predicciones, optimizar su portafolio de inversiones sujeto a restricciones presupuestarias y a otras restricciones cualitativas y de recursos, y generar informes y tablas automatizadas. Todo lo anterior, dentro de un único paquete de software integrado y fácil de usar. Los módulos a continuación están disponibles en PEAT, y particularmente el Capítulo 2 se centra en el módulo de ERM.

- Gestión de Riesgos Empresariales (ERM)
- Inversiones Corporativas (Flujo de Caja Descontado Dinámico)
- Inversiones Corporativas (Alquiler versus Compra)
- Analítica de Objetivos (Automatización de la Fuerza de Ventas)
- Economía de la Salud (HEAT y REJ)
- Petróleo y Gas (Reservas en los Yacimientos Petrolíferos, Análisis de la Recuperación de Petróleo, Curvas por Tipo de Pozo)
- Gestión de Proyectos (Riesgos de Costos y Programación)
- Análisis del Sector Público (Valor Agregado del Conocimiento)
- Modelos Compilados de ROV
- Módulos y aplicaciones personalizadas específicamente para la compañía

El PEAT de ROV incorpora todas las metodologías analíticas avanzadas de riesgos y decisiones contempladas en este libro, dentro de un paquete de software con aplicaciones integradas fáciles de usar y con instrucciones paso-a-paso. De esta manera se simplifica el proceso de análisis de decisiones basado en riesgos y se empodera al tomador de decisiones con perspectivas desde una analítica más poderosa. Si usted ya realiza la modelación del flujo de caja descontado o la Gestión de Riesgos Empresariales en Excel, entonces ¿por qué habría de necesitar PEAT? Porque las técnicas analíticas avanzadas integradas de PEAT amplían el análisis ya realizado por usted y lo hace en un formato automatizado, fácil de usar y entender, lo que genera perspectivas valiosas que serían imposibles de obtener sin dichos métodos avanzados. PEAT le permite escalar y replicar su análisis, archivar y encriptar sus modelos y datos, crear informes automatizados y personalizar sus propios módulos de PEAT.

- *Gestión de Riesgos Empresariales (ERM)*: Realizar el ERM cualitativo tradicional con Registros de Riesgos pero optimizando el análisis con más análisis cuantitativo. Este módulo de ERM viene con una versión Web en línea así como con un módulo dentro de PEAT, que le permite ingresar y guardar múltiples Registros de Riesgos para generar Indicadores Claves de Riesgo (KRI) por Divisiones de Riesgo y Taxonomía del Riesgo (Geográfica, Operaciones, Productos, Actividad o Proceso, y Departamento); asignar elementos de riesgo a distintos Gerentes de Riesgo por medio del Mapeo de Riesgos de las Categorías de Riesgo a diferentes Divisiones de Riesgo; crear Tableros de Riesgo de los resultados; ingresar los Elementos de Riesgo dentro de las múltiples Intervenciones de Riesgo personalizadas; dibujar Diagramas de Riesgo; llevar a cabo y correr los Controles de Riesgo sobre los KRI para verificar que ciertos riesgos estén dentro o fuera de control; realizar Pronósticos de Riesgo, verificar si ciertos proyectos de Mitigación de Riesgo, realmente funcionan o son estadísticamente ineficaces; llevar a cabo la Sensibilidad al Riesgo sobre los KRI; realizar Escenarios de Riesgo sobre métricas cuantitativas de riesgo; correr Simulaciones de Riesgo sobre métricas de riesgo; generar Informes de Riesgo; y encriptar sus datos y archivos para preservar la Seguridad de los Riesgos. (Ver el estudio de caso en el Capítulo 4 sobre Eletrobrás en Brasil y cómo ésta compañía multinacional utilizó PEAT ERM).

- *Inversiones Corporativas (Flujo de Caja Descontado Dinámico)*: con algunos supuestos sencillos, usted puede auto-generar estados de flujo de caja descontado de múltiples proyectos; obtener indicadores claves de desempeño y métricas financieras (NPV, IRR, MIRR, PP, DPP, ROI); correr simulaciones de riesgo sobre entradas inciertas; generar el análisis de sensibilidad estático de tornado, correr sensibilidades dinámicas; comparar simultáneamente múltiples proyectos dentro de un portafolio; realizar pronósticos de ingresos futuros y flujo de caja; trazar múltiples caminos y opciones estratégicas de inversión, y modelar y valorar estos caminos estratégicos; calcular y optimizar los mejores proyectos dentro de un portafolio sujeto a múltiples limitaciones y restricciones; ver los resultados en tableros de gestión; encriptar su modelo y los datos; y auto-generar informes de análisis.

- *Inversiones Corporativas (Arrendar versus Comprar)*: Correr un análisis de arriendo versus compra; comparar los arrendamientos operacionales y financieros con pagos de intereses y ventajas tributarias; valorar el contrato de arrendamiento desde el punto de vista del arrendatario y el arrendador; y generar el análisis completo de flujo de caja para obtener la ventaja neta al arrendar.

- *Analítica de Objetivos (Automatización de la Fuerza de Ventas)*: Desarrollar y mantener los objetivos corporativos sobre las ventas. Un módulo de PEAT de escritorio, soportado en la Web SaaS, que se enfoca en la creación y uso de los objetivos que contribuyen a que la fijación de éstos sea más exacta y sostenible por parte de cualquier compañía que pretenda mejorar el desempeño de sus ventas (pronóstico del objetivo de ventas, probabilidad de alcanzar los ingresos corporativos, análisis del canal de ventas, y otros análisis de métricas basadas en las ventas).

- *Economía de la Salud (HEAT y REJ)*: correr un análisis económico de varias opciones disponibles bajo la Ley de Protección al Paciente y Cuidado de la Salud Asequible (*Obamacare*) para las compañías que ofrecen la salud auspiciada por el empleador, cargando los datos censales de los empleados (herramienta de análisis sobre la economía de la salud, HEAT), o realizando justificaciones económicas rápidas (REJ) de cada opción al simular sus entradas de alto nivel.

- *Petróleo y Gas (Reservas de Campos Petrolíferos, Recuperación de Petróleo y Curvas por Tipo de Pozo)*: ejecutar modelos de las industrias del petróleo y gas para hacer un análisis económico de las reservas en los campos petrolíferos y la recuperación disponible del petróleo con base en las incertidumbres y los riesgos, así como el generar curvas y análisis económicos específicos por tipos de pozos.

- *Gestión de Proyectos (Riesgos de Costos y Programación)*: trazar sus propias rutas del proyecto (tareas de proyecto lineales simples versus proyectos paralelos complejos y su recombinación), después hacer *clic* en un botón para autogenerar el modelo. Se ingresan los estimados de los costos y la programación así como su diferencial, posteriormente se corre una simulación de riesgos en el modelo para determinar la probabilidad de los sobrecostos de programación, los reguladores de costos-programación en varias probabilidades de terminación, la identificación de la ruta crítica y el análisis de sensibilidad.

- *Análisis del Sector Público (Valor Agregado del Conocimiento)*: valor del modelo de gobierno y de las organizaciones sin ánimo de lucro, valor para la sociedad o el valor intangible a través del Valor Agregado del Conocimiento, utilizando comparables del mercado para identificar y monetizar dichos proyectos y activos.

- *Modelos Compilados de ROV*: con el software compilador, los usuarios pueden compilar sus modelos actuales de Excel dentro de los archivos EXE ejecutables de licencia controlada. Los métodos patentados de ROV se pueden utilizar para encriptar y bloquear la propiedad intelectual y los algoritmos matemáticos del modelo, y expedir licencias controladas y temporizadas de hardware para los propios usuarios o clientes del comprador.

2

GESTIÓN PRÁCTICA DE PROYECTOS EN PEAT

PEAT ERM es a la vez un software de escritorio y una aplicación en-línea, basada en la Web, con más de 20 patentes en los Estados Unidos y a nivel mundial y con otras pendientes. La versión de escritorio de PEAT está dirigida al personal del departamento de riesgos internos con el fin de gestionar los resultados y el conjunto de datos, mantener los datos encriptados y seguros, y ejecutar el análisis de simulaciones, escenarios, análisis de tornado y así sucesivamente. No todo el mundo requiere de esta analítica avanzada. Por ende, en una compañía grande, pueden existir múltiples usuarios finales quienes tendrían la posibilidad de ingresar datos, y unos pocos administradores locales con acceso al control de todo, desde otorgar el acceso a y de crear usuarios finales, hasta configurar el perfil de riesgos de la compañía. Los usuarios finales (p.ej., gerentes de planta, supervisores, secretarias, etc.) sólo pueden ingresar datos e información. Estos usuarios finales tienen un acceso y conocimiento limitados, lo que facilita la capacitación, y ellos ingresan los valores que corresponden únicamente a sus áreas de responsabilidad. Los administradores locales tienen entonces una base de datos que se consolida hasta el nivel corporativo para que ellos puedan ver los resultados, generar informes, realizar una analítica cuantitativa de riesgos más avanzada y así sucesivamente.

La mejor manera de iniciar el módulo ERM de PEAT es comenzar con PEAT, seleccionar el módulo de *Gestión de Riesgos Empresariales* (la segunda selección en la lista principal en el Gráfico 2.1) y hacer *clic* en *Cargar Ejemplo*. Esto iniciará el módulo ERM y cargará un ejemplo con un conjunto de datos. El resto de este capítulo ofrece una perspectiva general de cada sección del software.

Real Options Valuation

Project Economics Analysis Tool

© Derechos de autor 2012-2018 Real Options Valuation, Inc.

Aplicando metodologías de Gestión Integrada de Riesgos (Simulación de Riesgo Monte Carlo, Opciones Reales Estratégicas, Pronósticos Estocásticos, Análisis de Negocios y Optimización de Portafolio) a análisis económico y financiero de proyectos y portafolio.

○ Inversión Corporativa - FDC Estocástico

◉ Gestión de Riesgo Empresarial (GRE) - Registro de Riesgo

○ Gestión de Proyectos - Riesgo Cronograma-Costo

○ Análisis de Objetivos - Modelación de Ventas y Canales

○ Bancos - Riesgo de Crédito, Mercado, Operacional y Liquidez

○ Inversión Corporativa - Comprar vs. Amendar

○ Análisis del Sector Público - Valor Agregado del Conocimiento

○ Petróleo y Gas - Análisis de Decisiones de Inversión

○ Petróleo y Gas - Campos de Reservas Petrolíferas

○ Petróleo y Gas - Análisis de Recuperación de Reservas Remanentes

○ Petróleo y Gas - Tipo de Curvas para Pozos

◉ Modelos Encriptados Personalizados

Cargar Ejemplo	Spanish

Iniciar el Módulo	Salir

Salud - Health Economics Analysis Tool (HEAT) ›

Salud - Health Economics Analysis Tool (HEAT)
Salud - Rapid Economic Justification (REJ)
Saudi Aramco - Modelo Económico Estándar FPD
Saudi Aramco - Modelo Económico Extendido FPD
Saudi Aramco - Proyectos Estándar de Finanzas Corporativas CFPD
Saudi Aramco - Valoración Extendida Joint Venture JV
Cubic Corp - Gestión del Portafolio Corporativo
Northrop Grumman - Modelo IRAD
Northrop Grumman - Análisis de Curvas-S
Análisis Multicriterio

Gráfico 2.1: Herramientas de Análisis Económico de Proyectos (PEAT) por ROV

Configuraciones Globales de Riesgos (Clasificaciones de Riesgos)

Al inicio del módulo, usted irá a la sección de **Configuraciones Globales**. Comience con los pasos 1-3 estableciendo primero las *Configuraciones de Fechas* (MM/DD/AAAA o DD/MM/AAAA), así como los *Indicadores Claves de Riesgos* (KRI). La *Matriz KRI* es una matriz *n x n* codificada por colores, compuesta por los niveles de *Probabilidad o Frecuencia de Riesgos* y los niveles de *Impacto de Riesgos o Severidad*, los cuales se pueden establecer de 1-5 o del 1-10 (de bajo a alto), con códigos personalizados de colores (Gráfico 2.2). Cabe resaltar que los KRI se calculan como *Probabilidad de Riesgo x Impacto del Riesgo*. Por ejemplo, un elemento de riesgo que tenga una categoría de probabilidad (frecuencia) de 5 y una categoría de impacto de riesgo (severidad) de 6, produciría unos KRI de 30. A más alta la probabilidad o el impacto, más alto los KRI, lo que indicaría una condición de riesgo más alta. La configuración por defecto es de 10 categorías para la probabilidad e impacto, con 5 colores diferentes. El esquema de colores va de verde oscuro (riesgo muy bajo) a rojo (riesgo muy alto), y los nombres en los ejes horizontales y verticales tienen algunos valores predefinidos tales como riesgo promedio o por encima del riesgo promedio, y demás. Todos los anteriores se pueden cambiar haciendo *clic* en el botón de *Personalizar*. En otras palabras, toda la matriz de KRI se puede personalizar según se requiera, desde los códigos de colores hasta los nombres de las categorías.

El paso 4 da la opción para los *Controles de Riesgo*. Éstos usualmente son asignaciones (%) de ponderación y se seleccionan por defecto. Estas ponderaciones se utilizan más adelante en la sección de *Registro de Riesgos*. Como alternativa, se pueden utilizar las ponderaciones con números enteros (cómo se verá más adelante). El paso 5 ofrece la posibilidad de personalizar las variables medidas, es decir, el impacto del riesgo o severidad versus probabilidad de riesgo o frecuencia. Algunas compañías quizás deseen medir otros elementos tales como el riesgo de las pérdidas del negocio, el impacto del recurso humano, el impacto al medio ambiente, entre otros. Cualquiera de estas modificaciones se puede realizar aquí. Generalmente, la mayoría de ERM que se lleva a cabo en las compañías que tienden a usar la matriz estándar de impacto del riesgo o severidad versus la matriz de probabilidad del riesgo o frecuencia (configuración por defecto en PEAT ERM).

El paso 6 ofrece la posibilidad de utilizar las unidades globales o únicas para los registros de riesgos. Por ejemplo, si la única inquietud de una firma tiene que ver con los impactos financieros o de riesgos, podría utilizar $ o £ para todos sus elementos de riesgo. Esto se podría aplicar globalmente, lo que significa que para todos los riesgos, se usaría la unidad seleccionada. Por otro lado, una multinacional que tiene negocios en varias divisas, podría necesitar configuraciones de divisas únicas para cada registro de riesgos. Finalmente, la lista desplegable le permite utilizar otras unidades no estándar, tales como horas, julios, megavatios-hora, entre otras. Estas unidades aplican para aquellas compañías interesadas en medir sus riesgos en la capacidad de fabricación y producción.

Grupos de Riesgo (Segmentación y Taxonomía de Riesgos)

Normalmente, la implementación de ERM también debe poder crear varias divisiones, departamentos, categorías de riesgo, y otras segmentaciones dentro de una organización. Tales segmentaciones son necesarias ya que los datos ingresados en los registros de riesgos se pueden diseccionar, más adelante, de todas las formas posibles, además de estar cumpliendo con el Marco Integrado de Gestión de Riesgos COSO.

El Gráfico 2.3 exhibe la sección de **Grupos de Riesgo** en el software PEAT ERM. Se pueden configurar allí, una multitud de *Divisiones de Riesgo, Riesgo G.O.P.A.D, Categoría de Riesgos* y *Gerentes de Riesgo*. Acumulativamente, estas categorías representan la Taxonomía del Riesgo del sistema ERM.

Por ejemplo, se pueden crear múltiples negocios o divisiones operacionales dentro de una compañía, de tal manera que ésta pueda gestionar varios perfiles de riesgo para cada división. Los usuarios también pueden crear y asignar varias categorías de G.O.P.A.D (geográficas, de operaciones, de productos, de actividades o procesos y departamentos) con el fin de analizar el perfil de riesgos de la compañía, a partir de múltiples puntos de vista.

Inicie creando una o más divisiones, después las categorías G.O.P.A.D., posteriormente las categorías de riesgos, y finalmente, los gerentes de riesgos o las personas que están a cargo de ciertos aspectos de la compañía. Al crear las categorías de riesgos, se puede utilizar la ayuda que ofrece la biblioteca predeterminada de PEAT, que contiene las categorías de riesgo predefinidas. Lo anterior se logra a través del botón de *Cargar la Biblioteca de Inventario de Riesgos*. Una vez que se hayan creado las categorías, éstas aparecerán en la cuadrícula de datos en la parte inferior. Hacer *clic* en el ícono del lápiz de *Editar* para editar un elemento en particular.

Haga *clic* en el botón de *Informe* para generar un informe en Excel de las categorías creadas. Este informe puede servir de archivo o de plantilla para importar categorías adicionales o nuevas. Por ejemplo, al generar un informe a partir de este ejemplo con el modelo actual predeterminado, usted puede borrar el informe, ingresar nuevas categorías a las hojas de cálculo de Excel y posteriormente *Importarlas* al software. El importar los datos permite ingresar rápidamente un gran número de categorías. Las entradas manuales son óptimas cuando sólo se requieren pocas categorías. Independientemente del enfoque, es muy recomendable que los nombres de las categorías sean cortos pero descriptivos. Por ejemplo, el departamento financiero se puede denominar D-Financiero o los productos de petróleo y gas se pueden denominar como P-Petróleo. Cuando los nombres de las categorías son cortos, tienden a generar informes visualmente más agradables.

Mapeo de Riesgos (Tareas de Riesgos)

Con base en los *Grupos de Riesgo* y su taxonomía de riesgos, creados anteriormente, el paso siguiente es mapear y vincular estas jerarquías en una o más dimensiones. Este proceso permitirá colocar varios proyectos, con riesgos relacionados, dentro de varios grupos y segmentos para su análisis. También da la posibilidad de ver cómo ciertos elementos de riesgo pueden permear a través de la organización. Igualmente permite conocer cómo un elemento de riesgo específico se puede relacionar con múltiples departamentos, divisiones, procesos y demás.

Los segmentos terminados anteriormente se pueden mapear en la sección de **Mapeo de Riesgos**, tal como lo muestra el Gráfico 2.4. Por ejemplo una *Categoría de Riesgos* se puede mapear entonces en una o múltiples categorías *G.O.P.A.D*, las cuales pueden ser luego mapeadas en una o más *Divisiones*. Cabe anotar que todas las divisiones se consolidan hacia la compañía. De esta manera, cuando más adelante se ingresa un elemento de riesgo en el Registro de Riesgos, se puede seleccionar una categoría de riesgos, y las rutas de conexión restantes se determinarán automáticamente. Utilizando estas conexiones mapeadas, el software puede diseccionar y mirar distintas Divisiones o categorías G.O.P.A.D y ver el perfil de riesgos desde distintos puntos de vista.

Aunque es tentador conectar una categoría única de riesgos a múltiples G.O.P.A.D o Divisiones, se recomienda configurar las conexiones como una-a-una. Esta relación una-a-una permite que cualesquiera valores de riesgos y los KRI sean atribuidos correctamente a las categorías o divisiones de riesgos relevantes, evitando cualquier doble contabilización de manera accidental.

Las conexiones creadas se pueden ver en la cuadrícula de datos en la parte inferior. Las conexiones se pueden editar haciendo *clic* en los íconos de lápiz de *Editar*, y los cambios se pueden guardar después de las modificaciones. También se puede crear un informe que señale todas las conexiones.

A manera de recordatorio, la configuración de estas tres secciones: *Configuraciones Globales, Grupos de Riesgo y Mapeo de Riesgos*, se debe hacer con gran cuidado, ya que las configuraciones aquí fluirán a lo largo de todo el software de ERM. Todos los informes y análisis posteriores se basarán en estas configuraciones. En ocasiones, el planear y trazar estrategias preliminares es fundamental para crear un buen modelo ERM.

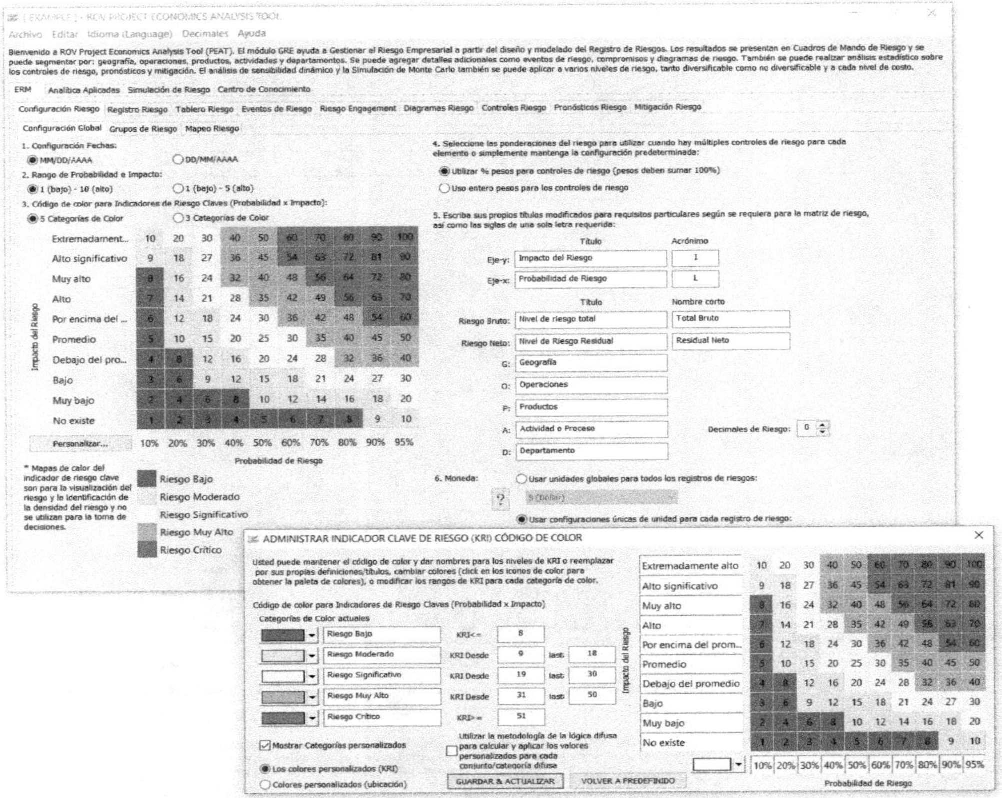

Gráfico 2.2: Configuraciones de Riesgo

[EXAMPLE] - ROV PROJECT ECONOMICS ANALYSIS TOOL

Archivo Editar Idioma (Language) Decimales Ayuda

Bienvenido a ROV Project Economics Analysis Tool (PEAT). El módulo GRE ayuda a Gestionar el Riesgo Empresarial a partir del diseño y modelado del Registro de Riesgos. Los resultados se presentan en Cuadros de Mando de Riesgo y se puede segmentar por: geografía, operaciones, productos, actividades y departamentos. Se puede agregar detalles adicionales como eventos de riesgo, compromisos y diagramas de riesgo. También se puede realizar análisis estadístico sobre los controles de riesgo, pronósticos y mitigación. El análisis de sensibilidad dinámico y la Simulación de Monte Carlo también se puede aplicar a varios niveles de riesgo, tanto diversificable como no diversificable y a cada nivel de costo.

ERM Analítica Aplicadas Simulación de Riesgo Centro de Conocimiento

Configuración Riesgo Registro Riesgo Tablero Riesgo Eventos de Riesgo Riesgo Engagement Diagramas Riesgo Controles Riesgo Pronósticos Riesgo Mitigación Riesgo

Configuración Global Grupos de Riesgo Mapeo Riesgo

Escoja manualmente el nivel de riesgo / jerarquía que le gustaría agregar, edite elementos individuales o copie /pegue varias entradas a la vez en la siguiente tabla de datos. Usted debe comenzar agregando divisiones, después por G.O.P.A.D., luego Categoría Riesgo y finalmente Administrador Riesgo. Seleccione el nivel de riesgo a administrar, luego agregue nuevo o edite /busque una entrada existente.

○ DIVISIÓN   ● G.O.P.A.D.   ○ CATEGORÍA RIESGO   ○ ADMINISTRADOR RIESGO

Nombre: Tipo: Nombre Categoría   Nombre Administrador
Acrónimo: Nombre de   Acrónimo: Acrónimo:
Ubicación: Acrónimo: Estado: Activo   Título/Cargo:
Notas: Ubicación: London, U.K.   Notas: Departamento:
                  Notas: Teléfono (Línea Directa):
                                                                               E-mail:
Tipo: Productos   Ubicación:
Geografía   Cargar Librería Inventario de Riesgo   Notas:
Operaciones
Productos
Actividad o Proceso
Departamento
London, U.K.

| Reporte | Import | | Guardar como Nuevo | Guardar Ediciones | Eliminar |

Ed.	Tipo	Nombre	Acrónimo	Ubicación	Notas	Crear Fecha
	Productos	BRG 225 Retail Development in Croydon	P-Croydon	London, U.K.		3/13/2014
✓	Productos	LLS 550 Housing Development in Dublin	P-Dublin	California, EEUU		3/13/2014
✓	Productos	SKI 101	P-Saudi	Dammam, Saudi Arabia, KSA		3/13/2014
✓	Departamento	Gestión de riesgos	D-Risk	California, EEUU		3/13/2014
✓	Departamento	Departamento de Finanzas	D-Finance	Silicon Valley, EEUU		3/13/2014
✓	Departamento	Departamento de Operaciones	D-Oper	Silicon Valley, EEUU		3/13/2014
✓	Departamento	Departamento de TI	D-TI	Silicon Valley, EEUU		3/13/2014
✓	Departamento	Departamento legal	D-Legal	Silicon Valley, EEUU		3/13/2014

Gráfico 2.3: Agrupaciones de Riesgos en una Organización

[EXAMPLE] - ROV PROJECT ECONOMICS ANALYSIS TOOL

Archivo Editar Idioma (Language) Decimales Ayuda

Bienvenido a ROV Project Economics Analysis Tool (PEAT). El módulo GRE ayuda a Gestionar el Riesgo Empresarial a partir del diseño y modelado del Registro de Riesgos. Los resultados se presentan en Cuadros de Mando de Riesgo y se puede segmentar por: geografía, operaciones, productos, actividades y departamentos. Se puede agregar detalles adicionales como eventos de riesgo, compromisos y diagramas de riesgo. También se puede realizar análisis estadístico sobre los controles de riesgo, pronósticos y mitigación. El análisis de sensibilidad dinámico y la Simulación de Monte Carlo también se puede aplicar a varios niveles de riesgo, tanto diversificable como no diversificable y a cada nivel de costo.

ERM   Analítica Aplicadas   Simulación de Riesgo   Centro de Conocimiento

Configuración Riesgo   Registro Riesgo   Tablero Riesgo   Eventos de Riesgo   Riesgo Engagement   Diagramas Riesgo   Controles Riesgo   Pronósticos Riesgo   Mitigación Riesgo

Configuración Global   Grupos de Riesgo   Mapeo Riesgo

Usted puede mapear y ligar jerarquías basado en las Categorías de Riesgo, el G.O.P.A.D. y las Divisiones creadas anteriormente. Cada categoría de Riesgo puede ser asignada a una o más G.O.P.A.D. y Divisiones. Mantenga presionada la tecla CTRL para seleccionar múltiples elementos.

Seleccionar Una o Más:

Categoría
- ☐ Riesgo de Cliente
- ☑ Riesgo Competitivo
- ☐ Riesgo de Cumplimiento
- ☐ Riesgo de Concentración
- ☐ Riesgo del Costo
- ☐ Riesgo de Crédito
- ☐ Riesgo Cultural
- ☐ Riesgo Económico
- ☐ Riesgo Financiero
- ☐ Riesgo de Tasa de Cambio
- ☐ Riesgo de Recursos Humanos
- ☐ Riesgo Tasa de Inflación

Seleccionar Una o Más:

GOPAD
- ☐ P-Croydon
- ☑ P-Dublin
- ☐ P-Saudi
- ☐ D-Risk
- ☐ D-Finance
- ☐ D-Oper
- ☐ D-TI
- ☐ D-Legal

Seleccionar Una o Más:

División
- ☐ Europa
- ☐ MO
- ☑ EEUU

Agregar Nueva Conexión   Guardar Cambios   Eliminar Conexión

Reporte

Ed...	Categoría Riesgo	Asignación GOPAD	Asignación División	Estado
✓	Riesgo de Cliente	P-Croydon	Europa	Inactivo
✓	Riesgo Competitivo	P-Dublin	EEUU	Inactivo
✓	Riesgo del Costo	D-Finance	EEUU	Inactivo
✓	Riesgo del Costo	D-Risk	EEUU	Inactivo
✓	Riesgo del Costo	P-Dublin	EEUU	Inactivo
✓	Riesgo Financiero	D-Finance	EEUU	Inactivo
✓	Riesgo Económico	P-Saudi	MO	Inactivo
✓	Riesgo de Recursos Humanos	P-Saudi	MO	Inactivo
✓	Riesgo Tasa de Inflación	P-Saudi	MO	Inactivo
✓	Riesgo TI	D-TI	EEUU	Inactivo
✓	Riesgo Legal	P-Croydon	Europa	Inactivo

Gráfico 2.4: Mapeo de Riesgos o Relaciones Agrupadas

Registro de Riesgos

La sección sobre el **Registro de Riesgos** representa el centro del mundo de ERM, y dentro del software de PEAT, se pueden crear múltiples *Registros de Riesgo* en un archivo único. Lo que significa, que los usuarios pueden crear múltiples Registros de Riesgos, tal como se aprecia en el Gráfico 2.5, en dónde vemos tres ejemplos de registros: El Proyecto DGS728, la Presentación del CEO a la Junta Directiva, y el Proyecto MMS5528. Cada uno de los Registros de Riesgos contiene múltiples *Elementos de Riesgo*. Estos Elementos de Riesgo aparecen en la cuadrícula inferior del software. En el Gráfico 2.5, se pueden ver los primeros cuatro Elementos de Riesgo. Cada uno de ellos consta de un Nombre del Elemento de Riesgo, una Sigla o Nombre Corto, las Causas del Riesgo, las Consecuencias del Riesgo, Respuesta a la Mitigación del Riesgo, Plan de Acción, Estado Activo, Tareas del Gerente de Riesgos, Categoría del Riesgo, Probabilidad del Riesgo, Impacto del Riesgo, Indicadores Claves de Riesgos, Fechas del Riesgo (Creación, Edición y Fechas de Vencimiento), Riesgo Controlable o Diversificable (\$), Riesgo No-Diversificable o Residual (\$), Costo de Mitigación (\$), Múltiples Controles de Riesgo (Nombres del Control, Ponderaciones, y % de Mitigación), y así sucesivamente, tal como lo ilustra el Gráfico 2.5.

Una sencilla analogía para un Registro de Riesgos y sus Elementos de Riesgos sería una chequera. En una familia (corporación), pueden existir varias personas cada una con sus propias chequeras (Registro de Riesgos). En cada chequera, hay una pila de cheques. Cada cheque puede ser visto como un Elemento de Riesgo, en donde se anotan el nombre, la cantidad, la fecha y las notas del beneficiario (nombre del elemento de riesgo, causas, consecuencias, respuesta a la mitigación del riesgo, etc.). Todos los Elementos de Riesgo se consolidan en una chequera o Registro de Riesgos. Una compañía puede tener uno o más Registros de Riesgos y cada uno se puede crear con base en distintos proyectos, unidades de negocio, iniciativas de inversión, plantas, instalaciones, y así sucesivamente. Así que, cada Registro de Riesgos contiene múltiples Elementos de Riesgo (p. ej., los riesgos individuales tales como incendios, fraudes, tiempos improductivos de TI, errores humanos, accidentes y otros, dentro de cada proyecto, unidad de negocio, iniciativa, instalación, etc.), que aparecen como filas en la cuadrícula de datos (Gráfico 2.5).

Otra entrada que se requiere es la Categoría de Riesgos la cual se basa en el Mapeo de Riesgos que se llevó a cabo previamente, en donde al seleccionar una Categoría de Riesgos específica, automáticamente se insertará el riesgo introducido en todas las relaciones mapeadas, ya que se utilizarán más adelante en los Tableros de Riesgo y en los informes de riesgo.

Aquí se pueden crear y guardar múltiples Registros de Riesgos. Sin embargo, el archivo ERM también se debe guardar, utilizando el menú *Archivo/Guardar*. Un único archivo*.rovprojecon* guardado puede alojar múltiples Registros de Riesgos, cada uno con múltiples Elementos de Riesgo.

Guardar, Editar, Reportar e Importar

Para iniciar la creación de un nuevo Registro de Riesgos, haga *clic* en el botón de *Nuevo* en la ventana con la lista del Registro de Riesgos (esquina superior derecha del software). Luego, proceda a ingresar al menos ciertos datos de muestra tales como el Nombre y la Sigla del Elemento de Riesgo. Seleccione el *Estado*, el *Gerente de Riesgos*, la *Categoría del Riesgo* e ingrese los valores de la *Probabilidad del Riesgo y el Impacto del Riesgo*. Todas las demás entradas son opcionales. Posteriormente, haga *clic* en el botón de *Crear Nuevo* con el fin de crear un nuevo Elemento de Riesgo con base en la información que acaba de ingresar. Una vez haya al menos un Elemento de Riesgo, ahora ya puede ingresar un nombre para el Registro de Riesgos. Digite un nombre y después haga *clic* en *Guardar Como* para crear y guardar el Registro de Riesgos. Usted se puede detener en este punto o continuar. Para continuar agregando más Elementos de Riesgo, haga *clic* en el nombre del nuevo Registro de Riesgos o en cualquier otro Registro de Riesgos de su elección, después haga *clic* en *Editar* para editar el Registro de Riesgos. Proceda después a agregar información adicional del Elemento de Riesgo y haga *clic* en *Crear Nuevo* para crear cada nuevo Elemento de Riesgo. Una vez termine de agregar los Elementos de Riesgo, haga *clic* en *Guardar Editado* y así se guardará el Registro de Riesgos. Cuando haya finalizado toda la entrada de datos, no olvide guardar el archivo utilizando el menú *Archivo | Guardar o Archivo | Guardar Como*, dependiendo del requerimiento.

Si los datos existen, el hacer *clic* en *Informe* generará un informe de todos los Registros de Riesgos. Cada hoja de cálculo de Excel será su propio Registro de Riesgos. También se va a generar un segundo informe para todos los Controles de Riesgos. Estos informes también se pueden utilizar como plantillas de entrada de datos para ser *Importados* al software. Utilizando los mismos archivos, reemplace los datos con nuevos datos para importar, guarde el archivo de Excel y luego, en el software de PEAT ERM, haga *clic* en el botón de *Importar* para cargar los Registros de Riesgos.

Información General sobre los Elementos de Riesgo

Cómo mínimo, la información que requiere un Elemento de Riesgo sería su nombre, sigla, valores de probabilidad e impacto, así como las listas desplegables para las tareas de gestión de riesgos, y la categoría de riesgos. Todas las demás entradas son opcionales.

El *Nombre del Elemento de Riesgo* debe ser descriptivo, pero su sigla o nombre corto correspondiente debe ser breve. Idealmente, la *Sigla* o el *Nombre Corto*, se debe ajustar a la cuadrícula de datos (8 caracteres o menos).

Las *Causas, Consecuencias* y la *Respuesta a la Mitigación del Riesgo,* son entradas abiertas de texto. Éstas pueden ser de cualquier longitud pero idealmente se deben ajustar a la cuadrícula de datos con el fin de tener una claridad en los datos (alrededor de 80 caracteres o menos).

Se puede vincular un *Plan de Acción* más detallado a un Elemento de Riesgo, tal como un documento externo, utilizando el botón de *Búsqueda*. El ícono de *Not*as junto al botón de *Búsqueda* se puede usar también para ingresar notas adicionales según se requiera. Este elemento es opcional.

Se deben seleccionar las tres listas desplegables ya que se consideran como elementos necesarios. La lista desplegable de *Estado* está predeterminada como *Activa*. Los Elementos de Riesgo que posteriormente ya no se consideran aplicables se pueden *Eliminar* o configurar como *Inactivos,* utilizando la lista desplegable. Marcar un elemento como inactivo los seguirá manteniendo en el Registro de Riesgos para fines de archivo, pero sus efectos no se calcularán más adelante en el Tablero de Riesgos. La lista desplegable *Asignado A* es en donde se selecciona el Gerente de Riesgos pertinente. La lista de Gerentes de Riesgo fue creada previamente en la sección de *Configuraciones de Riesgos | Grupos de Riesgo*. Lo mismo ocurre con la lista desplegable de *Categoría de Riesgos*.

Probabilidad del Riesgo, Impacto del Riesgo, Controles de Riesgos, Riesgos Diversificables, Riesgos No Diversificables, y Mitigación de Riesgos

Tal cómo se mencionó anteriormente, las entradas de los Elementos de Riesgo requieren de una entrada bidimensional de *Probabilidad del Riesgo* (L) o frecuencia de ocurrencia de un evento de riesgo y un *Impacto del Riesgo* (I) o la severidad, en términos de los efectos financieros, económicos y no-económicos del riesgo. Estos conceptos de probabilidad e impacto son estándar en la industria e inclusive utilizados en los entornos regulatorios tales como en los Acuerdos de Basilea IV (iniciados por el Banco de Pagos Internacionales en Suiza y aceptado por la mayoría de Bancos Centrales alrededor del mundo como estándares de elaboración de reportes regulatorios para riesgos operacionales). Algunas medidas alternativas también se pueden emplear tales como la Vulnerabilidad (V), Velocidad (υ), y otras. (El estudio de caso en el Capítulo 4 sobre la aplicación de PEAT ERM en Eletrobrás en Brasil, demuestra cómo se utilizan las medidas de Vulnerabilidad).

Las incertidumbres de los eventos repetitivos que se observan en las operaciones de las empresas durante largos periodos de tiempo, se pueden volver predecibles pero usualmente no con absoluta certidumbre. Dichas observancias se pueden asociar con funciones matemáticas que reflejan propiedades estadísticas de algo que probablemente puede ocurrir en el futuro. El riesgo de un evento que ocurre está conectado a dos parámetros: el Impacto del Riesgo ocasionado por un evento incierto y la probabilidad, o Probabilidad del Riesgo, de que ocurra un evento. Dada cierta probabilidad de conocimiento sobre la ocurrencia de un evento de riesgo, a más alto el impacto, mayor es el riesgo. Si ese impacto es cero, el riesgo será cero aunque el evento tiene una alta probabilidad de ocurrencia. El argumento contrario también es verdadero. Si la probabilidad de ocurrencia de un evento riesgoso es igual a cero, entonces el riesgo es cero (este es un entorno de pura certidumbre), independientemente de la magnitud del impacto.

Los riesgos también están separados en *Diversificables* (riesgos que se pueden cubrir, reducir, mitigar e inclusive, eliminar completamente) y en *No Diversificables* (estos son riesgos residuales o sobrantes que no se pueden reducir más). Un ejemplo sencillo sería un riesgo de incendio. Una fábrica que tenga un total de USD$1M en activos puede ser capaz de cubrir su riesgo de incendio comprando un seguro contraincendios e instalando un sistema de riego de última generación. Estos son dos *Controles de Riesgo* que podrán costar, digamos, USD$25.000 y USD$15.000 respectivamente. Sin embargo, el riesgo total de USD$1M puede no reducirse completamente porque en caso de que ocurra un incendio y todas las instalaciones se encienden en llamas, el seguro sólo puede cubrir el 90% del activo, ya que tiene un deducible de USD$100.000. Este deducible de USD$100.000 es el riesgo no diversificable, y los USD$900.000 serían el riesgo diversificable.

Así que, las entradas requeridas para la *Probabilidad del Riesgo* y el *Impacto del Riesgo* también se dividen en *Riesgo Diversificable* y *Riesgo No Diversificable*. Por interpretación, la cantidad diversificable es mayor o igual a la cantidad no diversificable. La entrada de datos en las cuatro casillas son números enteros y se basan en el rango previamente seleccionado en la sección de *Configuraciones de Riesgos | Configuraciones Globales* en donde se selecciona ya sea 1-5 o de 1-10. El Gráfico 2.5 muestra un ejemplo del Elemento de Riesgo con un 4 y un 3 en términos de Probabilidad de Riegos (con base en un rango de 1-10), después un 5 y un 3 en términos del Impacto del Riesgo. Es así, como KRI sería $4 \times 5 = 20$ para el riesgo diversificable y $3 \times 3 = 9$ para el riesgo no diversificable. Estos KRI se calculan en la cuadrícula de datos y se codifican por colores según el esquema de colores previamente seleccionado en la sección *Configuraciones Globales*.

La *Fecha Creada* y la *Fecha Actualizada* se crean automáticamente, mientras que la *Fecha de Vencimiento* se puede configurar según se requiera, indicando la fecha en que se necesita actualizar o resolver cierto asunto riesgoso.

La sección opcional de los Controles de Riesgo se puede ingresar en caso de requerirlo. Utilizando los ejemplos anteriores, el Control de Riesgo 1 puede ser el seguro de incendios, y el sistema de riesgo puede ser el Control de Riesgo 2. El % de *Ponderación* se puede ingresar de tal forma que el total sea igual a 100%, indicando cuánto de un cierto riesgo se puede reducir con cada control. El % de *Mitigación* está entre 0% y 100% indicando cuánto ha sido implementado de ese control. Por ejemplo, si sólo una cuarta parte de las instalaciones tiene controles de riego, entonces esto se ingresaría como un 25%. Se pueden agregar o remover las filas adicionales de los Controles de Riesgo, haciendo *clic* en los íconos de + y −. La ponderación total también se calcula y por definición, debe ser de 100%.

El Riesgo Diversificable o Controlable, el Riesgo No Diversificable o Residual, y el Costo de Mitigación son entradas monetarias opcionales en cada Elemento de Riesgo. Cada una requiere de una entrada *Mínima, Más Probable* y *Máxima*. Claramente, la mínima debe ser menos que o igual a la más probable, lo que es entonces menor que o igual al valor máximo. El ingresar estos rangos de valores le permitirá correr una Simulación de Riesgos de Monte Carlo. Por ejemplo, los riesgos de la contraparte al incumplir un contrato existente podrían tener impactos financieros. El impacto mínimo sería, digamos, $0 si el contrato está aún en vigor hasta el final de su vigencia, hasta un impacto de mayor probabilidad de USD$100.000 en demoras previstas y sobrecostos de la contraparte, hasta un máximo de USD$300.000, si la contraparte se declara insolvente, lo que resulta en oportunidades comerciales perdidas debido al incumplimiento de la contraparte.

El *Costo de Mitigación* es la cantidad de dinero empleado para reducir la exposición al riesgo de un Elemento de Riesgo específico, por ejemplo, el costo de adquirir un subcontratista secundario con términos pre-negociados cuyo contrato entra en vigor sólo si el contratista original está incumpliendo. Tales métodos de mitigación de riesgos tienden a tener un costo financiero. Finalmente, las columnas calculadas con la *Exposición al Riesgo* en la cuadrícula de datos tienen algunas explicaciones adicionales. Por ejemplo, en el Gráfico 2.5 hay tres Controles de Riesgo con las siguientes ponderaciones: 60%, 30%, y 10%, que suman 100%. Los porcentajes completados de mitigación para estos tres controles son 100%, 0%, y 0%. Esto significa que el valor esperado de los controles sería de (60% × 100%) + (30% × 0%) + (10% × 0%) = 60%. Este valor de terminación del 60% se calcula automáticamente y aparece en la columna de % *OK* en la cuadrícula de datos. Igualmente, en el ejemplo, vemos que el riesgo más probable de diversificación es de USD$155.000 y el riesgo no diversificable es de USD$65.000. Debido a que sólo se ejecuta el 60% del riesgo diversificable controlable, tenemos $65,000 + $155,000(1 – 60%) = USD$127,000 restantes, o el nivel *Actual de Riesgos*. Otro ejemplo es que si no existen controles o todos los controles tienen un 0% de Mitigación, esto significa que no han existido controles de riesgo, así que, el riesgo actual en este caso sería $65,000 + $155,000 = USD$220,000. Alternativamente, si todas las mitigaciones fuesen de 100%, todos los riesgos diversificables han sido controlados y lo único que quedaría son los riesgos no diversificables o $65,000 + $155,000(1 – 100%) = USD$65,000 en dónde los riesgos actuales equivalen al riesgo residual no diversificable.

[EXAMPLE] - ROV PROJECT ECONOMICS ANALYSIS TOOL

Archivo Editar Idioma (Language) Decimales Ayuda

Bienvenido a ROV Project Economics Analysis Tool ('PEAT'). El módulo GRE ayuda a Gestionar el Riesgo Empresarial a partir del diseño y modelado del Registro de Riesgos. Los resultados se presentan en Cuadros de Mando de Riesgo y se puede segmentar por: geografía, operaciones, productos, actividades y departamentos. Se puede agregar detalles adicionales como eventos de riesgo, compromisos y diagramas de riesgo. También se puede realizar análisis estadístico sobre los controles de riesgo, pronósticos y mitigación. El análisis de sensibilidad dinámico y la Simulación de Monte Carlo también se puede aplicar a varios niveles de riesgo, tanto diversificable como no diversificable y a cada nivel de costo.

ERM Analítica Aplicadas Simulación de Riesgo Centro de Conocimiento

Configuración Riesgo Registro Riesgo Tablero Riesgo Eventos de Riesgo Riesgo Engagement Diagramas de Riesgo Controles Riesgo Pronósticos Riesgo Mitigación Riesgo

Nombre Elemento de Riesgo: Reelaboración, ampliación del alcan

Acrónimo/Nombre Corto: Reelaboración

Causas del Riesgo: El cliente sigue cambiando las especificaciones
0001

Consecuencias del Riesgo: El reprocesamiento, el desplazamiento del alcance y los requisitos siguen cambiando con el

Respuesta Mitigación de Riesgo: El contrato debe especificar la fecha límite para la congelación de especificaciones

Plan de Acción (Doc): Buscar...
Estado: Asignado a: Seleccione Categoría Riesgo:
Activo JJSmith Competence

Entradas Requeridas

Probabilidad de Riesgo (L)

Impacto del Riesgo (I)

	% Peso
Control de Riesgos 1	60%
Control de Riesgos 2	30%
Control de Riesgos 3	10%
Total	100%

Entradas Opcionales

	Min	Probable	Max
Nivel de riesgo total ($)	125,000	155,000	175,000
Nivel de Riesgo Residual ($)	55,000	65,000	80,000
Costo Mitigación($): ($)	5,000	7,000	8,000

Fechas Claves Riesgo:

Creado 03/14/2014 % Completo
Actualizado 10/28/2015 100%
Fecha 05/14/2014 0%
  0%
  60%

Nombre: Proyecto DGS728

Nuevo RR Guardar Registros Riesgo
Guardar como RR Proyecto DGS728
Editar RR Presentación del CEO
Guardar RR Proyecto MM55528
Eliminar RR
Importar RR

∧ ∨ ? s/E

Crear Nuevo Eliminar elemento
Guardar Cambios Reporte

La exposición de riesgo ($) ($) ($)

?	Riesgo Registro	CATEG.	GOPAD	DIV.	Crear	Editar	Esperando	Total Bruto L	Total Bruto KRI	Residual Neto L	Residual Neto KRI	Gerente	% OK	Bruto	Actual	Residual	Costo	Doc
1	Reelabor...	Compet...	P-Dublin	EEUU	3/14/2014	10/28/2019	5/14/2014	4	5 20	3 3	9	JJSmith	60%	155,000	127,000	65,000	7,000	
0001	Causa: El cliente sigue cambiando las especificaciones				Consecuencia:		El reprocesamiento, el desplazamiento del alcance y los requisitos siguen cambiando del					Mitigaci...	El contrato debe especificar la fecha límite para la congelación de especificaciones					
2	Ofertas ...	Compet...	P-Dublin	EEUU	3/14/2014	10/28/2019	5/14/2014	8	8 F4	5 6	30	JCannon	50%	325,000	357,500	195,000	75,000	
0002	Causa: Múltiples competidores están mirando esto				Consecuencia:		Podría perder la oferta / proyecto					Mitigaci...	JCannon necesita encontrar diferenciación y competitividad de precios para ganar					
3	Sobrecos...	Costo	D-Finance	EEUU	3/14/2014	10/28/2019	5/14/2014	4	4 16	3 3	9	JJSmith	33%	1,000,000	1,175,000	500,000	50,000	
0003	Causa: Falta de materias primas y retrasos en los proveedores.				Consecuencia:		Tiempo de espera adicional requerido					Mitigaci...	Obtenga múltiples proveedores y firme contratos con ellos a un costo adicional					
4	Costos b...	Costo	D-Finance	EEUU	3/14/2014	10/28/2019	5/14/2014	4	5 20	3 3	9	RRodgers	0%	350,000	529,000	179,000	35,000	
0004	Causa: Múltiples competidores están mirando esto				Consecuencia:		Podría perder la oferta / proyecto					Mitigaci...	JCannon necesita encontrar diferenciación de valor y competitividad de precios					

Gráfico 2.5: Registro de Riesgos

Tablero de Riesgos

En la sección de **Tableros de Riesgos**, se pueden crear múltiples vistas de tablas personalizadas completas con informes, cuadrículas de datos, tablas e imágenes visuales con base en categorías específicas G.O.P.A.D, Divisiones, Categorías de Riesgo o Fechas de Riesgo. El Tablero de Riesgos se emplea para diseccionar los elementos del Registro de Riesgos en varias vistas desplegables. A continuación están las descripciones de algunos tableros. Cabe anotar que el tablero mostrará los resultados del Registro de Riesgos activo únicamente. Para activar un Registro de Riesgos, regrese a la sección del *Registro de Riesgos* y haga un doble *clic* en un Registro de Riesgos guardado. Asegúrese que tenga datos de los Elementos de Riesgos en la cuadrícula de datos, para que el tablero pueda mostrar los resultados.

Tablero de Riesgos – Elementos de Riesgo

En la sección de los **Elementos de Riesgo**, los puntajes de KRI se pueden apreciar a través de distintos segmentos, divisiones o categorías G.O.P.A.D de la organización, seleccionadas en un lapso de tiempo especificado tal como se ve en el Gráfico 2.6. Sencillamente seleccione o cambie las configuraciones relevantes tales como si *Mostar Todos los Riesgos* o los riesgos dentro de una *Categoría de Riesgos* especificada, *G.O.P.A.D*, *División* o *Gerente de Riesgos*. Después, muestre todas las fechas o especifique si se debe incluir un rango de fechas así como sólo los riesgos activos o todos los riesgos, tanto activos como inactivos. La *Vista de los Elementos de Riesgo*, les permite a los usuarios ver los KRI codificados por colores para cada elemento de riesgo y un gráfico de torta exhibiendo el porcentaje de asignación para cada código de color de KRI. La *Vista con el Diagrama de Pareto* muestra los mismos resultados utilizando un diagrama de Pareto en donde los KRI están clasificados desde el más alto hasta el más bajo y se calculan las contribuciones acumuladas de varianza (p.ej., podemos determinar que los 5 elementos de riesgo principales contribuyen al 80% del portafolio de riesgos).

Tablero de Riesgos – Mapas de Calor de Riesgos

La sección de **Mapas de Riesgo** muestra los conteos de KRI con los códigos relevantes de color y personalizados a lo largo de varias categorías de riesgos, divisiones y segmentos en periodos de tiempo especificados (Gráfico 2.7). Cada valor en las celdas de la matriz representa el número total de los Elementos de Riesgo clasificados dentro de esa sección transversal específica de niveles de Probabilidad e Impacto. Las configuraciones de color (verde a rojo), número de categorías de color (3 o 5 colores), y la granularidad de la matriz de riesgos (5 x 5 o 10 x 10) se basan en las entradas en la pestaña de *Configuraciones de Riesgo*. Los nombres de los ejes también se pueden personalizar en la pestaña de las *Configuraciones de Riesgos* (Probabilidad del Riesgo, Impacto del Riesgo y los nombres de las categorías).

Tablero de Riesgos – Grupos de Riesgo

La sección de los **Grupos de Riesgo** muestra la acumulación de riesgos por categoría G.O.P.A.D y otros grupos de riesgo pueden aparecer como gráficos de barra indicando los conteos del Elemento de Riesgo dentro de estos grupos seleccionados (Gráfico 2.8). La posibilidad de diseccionar los datos para generar informes personalizados proviene de la configuración previa de varios componentes de G.O.P.A.D y sus relaciones mapeadas según los tipos y las categorías de riesgos. En el ejemplo que aparece en el Gráfico 2.8, el eje-x muestra los 5 niveles de riesgo agregados por Grupos de Riesgos. El eje-y de los gráficos de barra se puede establecer como el total de KRI para cada Grupo de Riesgos o por los conteos de los Elementos de Riesgo.

Tablero de Riesgos – Exposición al Riesgo

La sección de **Exposición al Riesgo** muestra los resultados del segmento seleccionado en forma de diales y gráficos de riesgo que se comparan contra toda la Compañía (Gráfico 2.9). Estos diales y gráficos representan la Exposición Diversificable y No Diversificable al Riesgo para la categoría seleccionada y periodo de tiempo al sumar todas las exposiciones monetarias o del dólar de los Elementos de Riesgo relevantes en el Registro de Riesgos activo. Todos los términos predeterminados del Riesgo Residual Diversificable y No Diversificable se pueden definir por usuario en la pestaña de Configuraciones de Riesgo, tal como se describió anteriormente.

Tablero de Riesgos – Taxonomía del Riesgo

Este informe ofrece una representación visual de arriba hacia abajo (desplegable) de la estructura de la compañía y sus asociaciones de riesgos o **Taxonomía del Riesgo**, así como una vista de abajo hacia arriba sobre cómo un riesgo específico permea toda la compañía (Gráfico 2.10).

Los perfiles e informes de riesgos personalizados por División, categoría G.O.P.A.D, Categoría del Riesgo, Fechas de los Riesgos y demás, se pueden configurar fácilmente para consultarle al Registro de Riesgos activo acerca de todos los Elementos de Riesgo relevantes que se clasifican dentro de los parámetros de búsqueda y devolver un **Inventario de Riesgos** de todos los riesgos identificados (Gráfico 2.11). Este informe facilita el Monitoreo de Riesgos de la gestión del proyecto, las tareas, la terminación y las asignaciones. También permite la Gobernanza del Riesgo; proporciona un Resumen de la Eficacia del Riesgo, un Registro de Auditoría del Riesgo, y su Cumplimiento; además de cumplir con los Estándares de la Organización Internacional de Normalización (ISO).

Ver el Capítulo 3 sobre cómo la tecnología PEAT y ROV cumple con los múltiples estándares mundiales de riesgos tales como: COSO, BASILEA III/IV, NIST e ISO 31000:2009, entre otros.

Tablero de Riesgos – Probabilidad del Riesgo

La sección acerca de la **Probabilidad del Riesgo** les brinda a los usuarios la posibilidad de calcular la función de densidad de la probabilidad (PDF) y la función de distribución acumulada (CDF) de un evento de riesgo discreto que sucede, o de las cantidades de riesgo continuo por medio de la experiencia histórica. El análisis es similar al que está en la herramienta de Análisis de Distribución en el Simulador de Riesgos, cuando tras seleccionar una distribución de probabilidad e ingresar los parámetros de entrada requeridos, los valores de PDF y CDF retornan cómo una tabla de probabilidad.

El Gráfico 2.12 muestra un ejemplo, en donde se selecciona una distribución discreta de Poisson y el valor de Lambda (media) que se ingresa es de 1.5 (p.ej., los datos se recolectaron durante 3 meses sobre el número de errores en los depósitos bancarios en cheque, por semana laboral, en una sucursal específica de un banco nacional, y los datos muestran que hay, en promedio, 1.5 errores por semana laboral). Al configurar algunos rangos de inicio y final y el tamaño del paso, la tabla calculada muestra la probabilidad PDF y la probabilidad acumulativa de CDF de un número de eventos de una categoría de riesgo específica por semana laboral (errores en los cheques depositados). La probabilidad que dentro de cualquier semana laboral no existirán errores en los cheques depositados es del

22.31%, exactamente un error es del 33.47%, exactamente dos errores es del 25.10%, y así sucesivamente. Acumulativamente, también podemos afirmar que tenemos el 93.44% de certeza que dentro de cualquier semana laboral, ocurrirán tres o menos errores de eventos de riesgos de la misma categoría de riesgos, suponiendo que la historia es el mejor indicador del desempeño futuro.

Archivo Editar Idioma (Language) Decimales Ayuda

Bienvenido a ROV Project Economics Analysis Tool (PEAT). El módulo GRE ayuda a Gestionar el Riesgo Empresarial a partir del diseño y modelado del Registro de Riesgos. Los resultados se presentan en Cuadros de Mando de Riesgo y se puede segmentar por: geografía, operaciones, productos, actividades y departamentos. Se puede agregar detalles adicionales como eventos de riesgo, compromisos y diagramas de riesgo. También se puede realizar análisis estadístico sobre los controles de riesgo, pronósticos y mitigación. El análisis de sensibilidad dinámico y la Simulación de Monte Carlo también se puede aplicar a varios niveles de riesgo, tanto diversificable como no diversificable y a cada nivel de costo.

ERM Analítica Aplicadas Simulación de Riesgo Centro de Conocimiento

Configuración Riesgo Registro Riesgo Tablero Riesgo Eventos de Riesgo Riesgo Engagement Diagramas Riesgo Controles Riesgo Pronósticos Riesgo Mitigación Riesgo

Seleccione la categoría de riesgo a mostrar y luego haga click en cada una de las siguientes subpestañas para ver diferentes tableros.

Visto por: ● Mostrar todo

Sobre la Proyecto DGS728: Nivel de riesgo total

☑ Mostrar sólo Riesgos Activos   ☑ Ignorar Duplicados

Elementos de Riesgo Mapa Riesgo Grupos de Riesgo Exposición Riesgo Taxonomía Riesgo Inventario de Riesgo Probabilidad de Riesgo

● Vista de Elementos de Riesgo   ○ Vista Gráfica de Pareto

○ Categoría Riesgo: ○ G.O.P.A.D.:   ○ División:
Seleccionar Categorí R...   Seleccionar GOPAD...   Seleccionar División...

○ Manager: Riesgo Manager...

Seleccionar Fecha:
● Mostrar todo ○ Periodo:
○ Personalizar: 10/28/2019 to 10/28/2019

Report

Base Fecha de Creación
Año Actual
to 10/28/2019

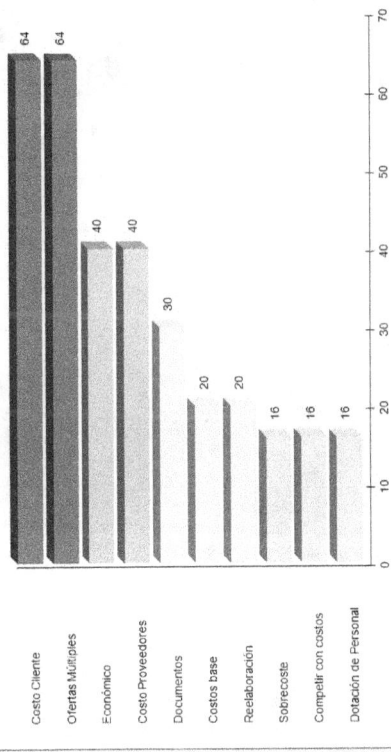

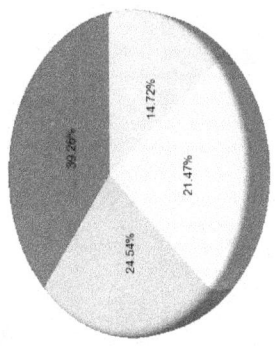

Riesgo Corporativo Total

Gráfico 2.6: Elementos de Riesgo en el Tablero de Riesgos

Archivo   Editar   Idioma (Language)   Decimales   Ayuda

Bienvenido a ROV Project Economics Analysis Tool (PEAT). El módulo GRE ayuda a Gestionar el Riesgo Empresarial a partir del diseño y modelado del Registro de Riesgos. Los resultados se presentan en Cuadros de Mando de Riesgo y se puede segmentar por: geografía, operaciones, productos, actividades y departamentos. Se puede agregar detalles adicionales como eventos de riesgo, compromisos y diagramas de riesgo. También se puede realizar análisis estadístico sobre los controles de riesgo, pronósticos y mitigación. El análisis de sensibilidad dinámico y la Simulación de Monte Carlo también se puede aplicar a varios niveles de riesgo, tanto diversificable como no diversificable y a cada nivel de costo.

ERM   Analítica Aplicadas   Simulación de Riesgo   Centro de Conocimiento

Configuración Riesgo   Registro Riesgo   Tablero Riesgo   Eventos de Riesgo   Riesgo Engagement   Diagramas Riesgo   Controles Riesgo   Pronósticos Riesgo   Mitigación Riesgo

Seleccione la categoría de riesgo a mostrar y luego haga click en cada una de las siguientes subpestañas para ver diferentes tableros.

Visto por: ● Mostrar todo
Sobre la   Proyecto DCS728: Nivel de riesgo total   ✓
☑ Mostrar sólo Riesgos Activos   ☑ Ignorar Duplicados

○ Categoría Riesgo: Seleccionar Categoría...   ○ G.O.P.A.D.:   Seleccionar GOPAD...   ○ División: Seleccionar División...
○ Manager: Select Manager...

Seleccionar Fecha:
● Mostrar todo
○ Personalizar: 10/28/2019   ○ Periodo: 10/28/2019   to   10/28/2019

Base: Fecha de Creación
Mes Actual

Report

Elementos de Riesgo   Mapa Riesgo   Grupos de Riesgo   Exposición Riesgo   Taxonomía Riesgo   Inventario Riesgo   Probabilidad de Riesgo

Conteo Indicadores de Riesgo Claves (KRI): Mapa de calor

Impacto del Riesgo	10%	20%	30%	40%	50%	60%	70%	80%	90%	95%	
Extremadament...		2	1		2						5
Alto significativo											0
Muy alto		3					2				5
Alto											0
Por encima del...											0
Promedio											0
Debajo del pro...											0
Bajo											0
Muy bajo											0
No existe											0
	0	5	1	2	0	0	0	2	0	0	10

Probabilidad de Riesgo

0	Riesgo Bajo
3	Riesgo Moderado
3	Riesgo Significativo
2	Riesgo Muy Alto
2	Riesgo Crítico

* Key Risk Indicator Heat Maps are for risk visualization and risk density identification and are not used for decision making purposes.

Gráfico 2.7: Mapa de Calor de Riesgos en el Tablero de Riesgos

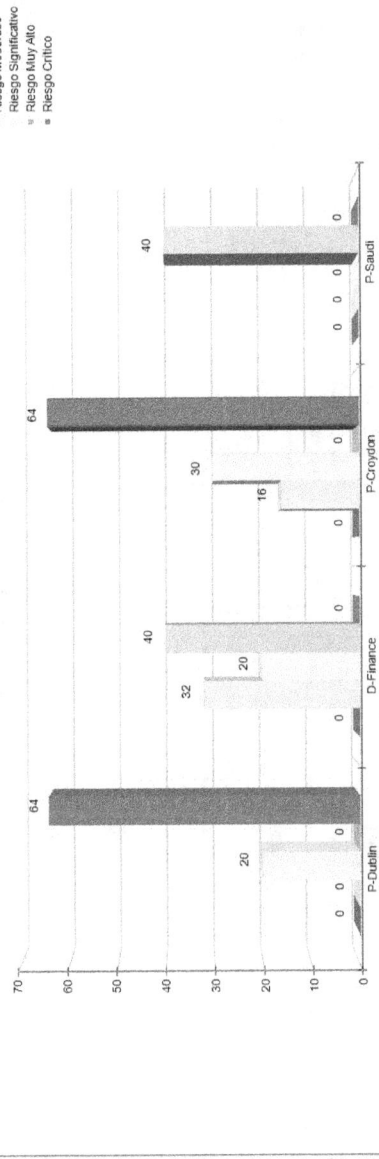

Gráfico 2.8: Grupos de Riesgo en el Tablero de Riesgos (Conteo de Elementos por División)

Archivo   Editar   Idioma (Language)   Decimales   Ayuda

Bienvenido a ROV Project Economics Analysis Tool (PEAT). El módulo GRE ayuda a Gestionar el Riesgo Empresarial a partir del diseño y modelado del Registro de Riesgos. Los resultados se presentan en Cuadros de Mando de Riesgo y se puede segmentar por: geografía, operaciones, productos, actividades y departamentos. Se puede agregar detalles adicionales como eventos de riesgo, compromisos y diagramas de riesgo. También se puede realizar análisis estadístico sobre los controles de riesgo, pronósticos y mitigación. El análisis de sensibilidad dinámico y la Simulación de Monte Carlo también se puede aplicar a varios niveles de riesgo, tanto diversificable como no diversificable y a cada nivel de costo.

ERM   Analítica Aplicadas   Simulación de Riesgo   Centro de Conocimiento

Configuración Riesgo   Registro Riesgo   Tablero Riesgo   Eventos de Riesgo   Riesgo Engagement   Diagramas Riesgo   Controles Riesgo   Pronósticos Riesgo   Mitigación Riesgo

Seleccione la categoría de riesgo a mostrar y luego haga click en cada una de las siguientes subpestañas para ver diferentes tableros.

Visto por: ◉ Mostrar todo   ○ Categoría Riesgo: ○ G.O.P.A.D.:   ○ División: Seleccionar: Fechas:
                                                                                                                    ◉ Mostrar todo   ○ Año Actual
         Sobre la   Proyecto DCS728: Nivel de riesgo total   Seleccionar Categoría.   Seleccionar GOPAD.   Seleccionar División.   ○ Período: 10/28/2019   to   10/28/2019
         ☑ Mostrar sólo Riesgos Activos   ☑ Ignorar Duplicados   ○ Personalizar:
Elementos de Riesgo   Mapa Riesgo   Grupos de Riesgo   Exposición Riesgo   Taxonomía Riesgo   Inventario de Riesgo   ○ Manager: Probabilidad de Riesgo   Report

Total Bruto Exposición (Corporativo) (2,484,055) $ Residual Neto Exposición (Corporativo) (1,225,110) $ Mostrar: Total Bruto vs. Residual Neto

Total Bruto Exposición (Corporativo) (2,484,055) $

779,250   1,558,500   2,337,750   3,117,000   958,200   479,100   1,437,300   1,916,400

Residual Neto Exposición (Corporativo) (1,225,110) $

779,250   1,558,500   2,337,750   3,117,000   958,200   479,100   1,437,300   1,916,400

Exposición al Riesgo Total y Residual (Seleccionar Categoría y Corporativo) $

Total Bruto (Corporativo) 2,484,055   Total Bruto (Corporativo) 2,484,055   Residual Neto (Corporativo) 1,225,110   Residual Neto (Corporativo) 1,225,110

Total Bruto Exposición (Corporativo): 2,484,055
Total Bruto Exposición (Corporativo): 2,484,055
Porcentaje del Total Corporativo: 100.00%

Residual Neto Exposición (Corporativo): 1,225,110
Residual Neto Exposición (Corporativo): 1,225,110
Porcentaje del Residual Corporativo: 100.00%

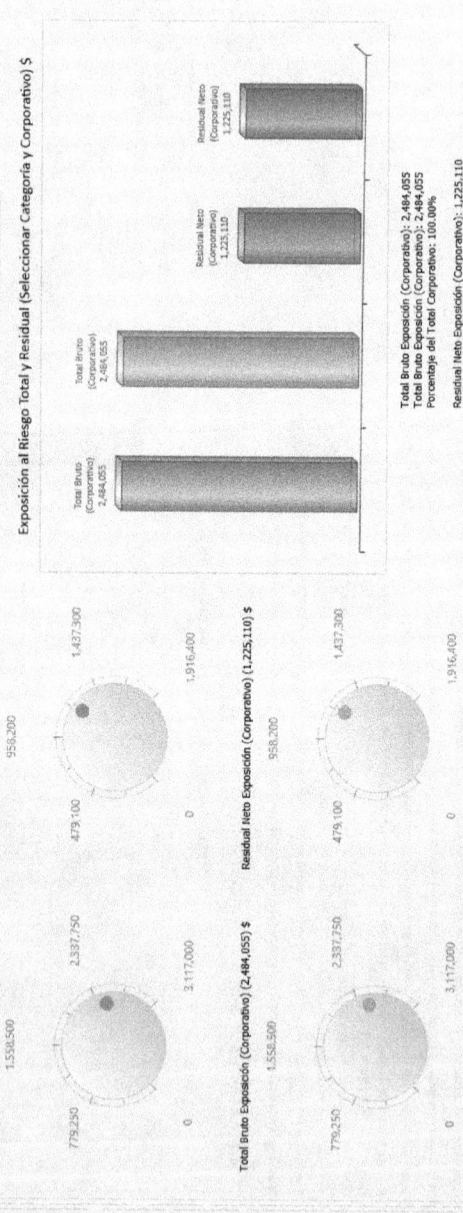

Gráfico 2.9: Niveles de Exposición al Riesgo en el Tablero de Riesgos (por G.O.P.A.D. y Corporativo)

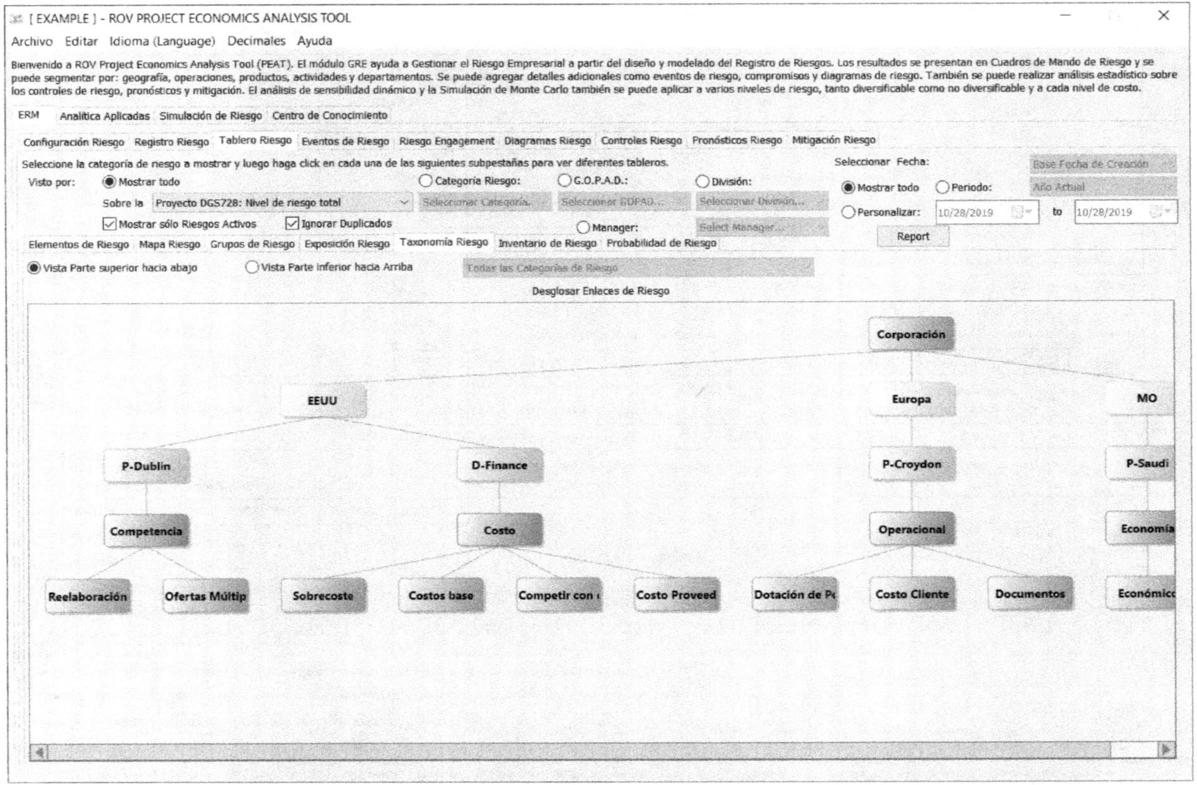

Gráfico 2.10: Taxonomía de Riesgos (Vista descendente) en el Tablero de Riesgos

Bienvenido a ROV Project Economics Analysis Tool (PEAT). El módulo GRE ayuda a Gestionar el Riesgo Empresarial a partir del diseño y modelado del Registro de Riesgos. Los resultados se presentan en Cuadros de Mando de Riesgo y se puede segmentar por: geografía, operaciones, productos, actividades y departamentos. Se puede agregar detalles adicionales como eventos de riesgo, compromisos y diagramas de riesgo. También se puede realizar análisis estadístico sobre los controles de riesgo, pronósticos y mitigación. El análisis de sensibilidad dinámico y la Simulación de Monte Carlo también se puede aplicar a varios niveles de riesgo, tanto diversificable y cada nivel de costo.

ERM Analítica Aplicadas Simulación de Riesgo Centro de Conocimiento

Configuración Riesgo Registro Riesgo Tablero Riesgo Eventos de Riesgo Riesgo Engagement Diagramas Riesgo Controles Riesgo Pronósticos Riesgo Mitigación Riesgo

Seleccione la categoría de riesgo a mostrar y luego haga click en cada una de las siguientes subpestañas para ver diferentes tableros.

Visto por: ● Mostrar todo   ○ Categoría Riesgo: ○ G.O.P.A.D.:   ○ División: Seleccionar Fecha:
Sobre la Proyecto DGS728: Nivel de riesgo total   ○ Categoría Categoría   Seleccionar GOPAD...   Seleccionar División...   ● Mostrar todo   ○ Periodo: Base Fecha de Creación / Año Actual
☑ Mostrar sólo Riesgos Activos   ☑ Ignorar Duplicados   ○ Manager: Select Manager...   ○ Personalizar: 10/28/2019 to 10/28/2019
Elementos de Riesgo Mapa Riesgo Grupos de Riesgo Exposición Riesgo Taxonomía Riesgo Inventario de Riesgo Probabilidad de Riesgo   🔍 Report

Riesgo Registro	CATEG.	GOPAD	DIV.	Crear	Editar	Esperando	Total Bruto L I KRI	Residual Neto L I KRI	Gerente	% OK	La exposición de riesgo ($) ($) Bruto	Actual	Residual	Costo	Doc
1 0001	Reelabo... Causa: El cliente sigue cambiando las especificaciones	Compet...	P-Dublin	EEUU	3/14/2014	10/28/2019	5/14/2014 Consecuencia:	4 5 20	3 3 9	JlSmith	60%	155,000	127,000	65,000	7,000	
2 0002	Ofertas ... Causa: Múltiples competidores están mirando esto	Compet...	P-Dublin	EEUU	3/14/2014	10/28/2019	5/14/2014 El contrato debe especificar la fecha límite para la congelación de especificaciones Consecuencia: Podría perder la oferta / proyecto	8 8 64	5 6 30	JCannon Mitigaci...	50%	325,000 JCannon necesita encontrar diferenciación y competitividad de precios para ganar	357,500	195,000	75,000	
3 0003	Sobreco... Causa: Falta de materias primas y retrasos en los proveedores.	Costo	D-Finance	EEUU	3/14/2014	10/28/2019	5/14/2014 Tiempo de espera adicional requerido Consecuencia:	4 4 16	3 3 9	JlSmith Mitigaci...	33%	1,000,000 Obtenga múltiples proveedores y firme contratos con ellos a un costo adicional	1,175,000	500,000	50,000	
4 0004	Costos b... Causa: Múltiples competidores están mirando esto	Costo	D-Finance	EEUU	3/14/2014	10/28/2019	5/14/2014 Consecuencia: Podría perder la oferta / proyecto	4 5 20	3 3 9	RRodgers Mitigaci...	0%	350,000 JCannon necesita encontrar diferenciación de valor y competitividad de precios	529,000	179,000	35,000	
5 0005	Dotació... Causa:	Operaci...	P-Croyd...	Europa	3/14/2014	10/28/2019	5/14/2014 Consecuencia:	4 4 16	3 3 9	SMinh Mitigaci...	0%	89,000	118,000	29,000	2,500	
6 0006	Competi... Causa: Múltiples competidores están mirando esto	Costo	D-Finance	EEUU	3/14/2014	10/28/2019	5/14/2014 Consecuencia: Podría perder la oferta / proyecto	4 4 16	3 3 9	SMinh Mitigaci...	0%	85,555 JCannon necesita crear competitividad de precios para ganar	121,110	35,555	6,500	
7	Costo Pr...	Costo	D-Finance	EEUU	4/8/2014	10/28/2019	6/8/2014	8 5 40	4 4 16	JCannon	0%	174,500	244,000	69,500	29,000	

Gráfico 2.11: Inventario de Riesgos en el Tablero de Riesgos

[EXAMPLE] - ROV PROJECT ECONOMICS ANALYSIS TOOL

Archivo Editar Idioma (Language) Decimales Ayuda

Bienvenido a ROV Project Economics Analysis Tool (PEAT). El módulo GRE ayuda a Gestionar el Riesgo Empresarial a partir del diseño y modelado del Registro de Riesgos. Los resultados se presentan en Cuadros de Mando de Riesgo y se puede segmentar por: geografía, operaciones, productos, actividades y departamentos. Se puede agregar detalles adicionales como eventos de riesgo, compromisos y diagramas de riesgo. También se puede realizar análisis estadístico sobre los controles de riesgo, pronósticos y mitigación. El análisis de sensibilidad dinámico y la Simulación de Monte Carlo también se puede aplicar a varios niveles de riesgo, tanto diversificable como no diversificable y a cada nivel de costo.

ERM Analítica Aplicadas Simulación de Riesgo Centro de Conocimiento

Configuración Riesgo Registro Riesgo Tablero Riesgo Eventos de Riesgo Riesgo Engagement Diagramas Riesgo Controles Riesgo Pronósticos Riesgo Mitigación Riesgo

Seleccione la categoría de riesgo a mostrar y luego haga click en cada una de las siguientes subpestañas para ver diferentes tableros.

Visto por: ◉ Mostrar todo   ○ Categoría Riesgo: ○ G.O.P.A.D.:   ○ División:

Sobre la Proyecto DGS728: Nivel de riesgo total   Seleccionar Categoría...   Seleccionar G.O.P.A.D...   Seleccionar División...

☑ Mostrar sólo Riesgos Activos   ☑ Ignorar Duplicados   ○ Manager: Select Manager...

Seleccionar Fechas: Base Fecha de Creación

◉ Mostrar todo   ○ Periodo: Año Actual

○ Personalizar: 10/28/2019 to 10/28/2019

Elementos de Riesgo Mapa Riesgo Grupos de Riesgo Exposición Riesgo Taxonomía Riesgo Inventario de Riesgo Probabilidad de Riesgo

Ingresar parámetros de distribución requeridos:

Lambda 1.5

Ingresar propiedades de tabla requeridos:

Valor Inicial X: 0.0000
Valor Final X: 8.0000
Tamaño del paso: 1.0000

Mostrar: 4 ◊ decimales

Correr

Report

Valor X	PROB	ACUM.
0.0000	22.3130%	22.3130%
1.0000	33.4695%	55.7825%
2.0000	25.1021%	80.8847%
3.0000	12.5511%	93.4358%
4.0000	4.7067%	98.1424%
5.0000	1.4120%	99.5544%
6.0000	0.3530%	99.9074%
7.0000	0.0756%	99.9830%
8.0000	0.0142%	99.9972%

Percentil	Valor X
0.0000%	0.0000
10.0000%	0.0000
20.0000%	0.0000
30.0000%	1.0000
40.0000%	1.0000
50.0000%	1.0000
60.0000%	2.0000
70.0000%	2.0000
80.0000%	2.0000
90.0000%	3.0000

Binomial Normal Poisson Triangular
Arcseno Bernoulli Beta Beta 3
Beta 4 Cauchy Ch-Cuadrado Coseno
Discreta Uniforme Doble Log Erlang Exponencial

Distribución Poisson

La Distribución Poisson describe el número de veces que un evento acontece en un intervalo específico, como por ejemplo, el número de llamadas telefónicas por minuto o el número de errores por página en un documento. El número de acontecimientos probables en un intervalo es ilimitado, los acontecimientos son independientes. El número de acontecimientos en un intervalo no afecta el número de acontecimientos en otros intervalos y el número promedio de acontecimientos deberán permanecer igual en cada intervalo. Tasa o Lambda son los únicos parámetros de distribución.

Requisitos de entrada

Gráfico 2.12: Análisis Exacto de Probabilidad (CDF y PDF) en el Tablero de Riesgos

Diagramas de Riesgo

En la sección de **Diagramas de Riesgo**, se pueden utilizar las plantillas ya elaboradas sobre los Diagramas de Corbatín para analizar Peligros, los Diagramas de Ishikawa o Espina de Pescado, los Diagramas de Despliegue, los Diagramas de Influencia, los Mapas Mentales y los Diagramas de Nodos para crear diagramas personalizados. En ciertas ocasiones, los diagramas personalizados de riesgo, como los que aparecen en el Gráfico 2.13, se pueden utilizar para ilustrar mejor el proceso, la mitigación, las causas y efectos y los impactos de los riesgos del Registro de Riesgos. Haga *clic* derecho en la pestaña del *Diagrama de Riesgos 1* para agregar diagramas adicionales, eliminar o renombrar los diagramas existentes. Adicionalmente, en la lista desplegable están disponibles varias plantillas pre-configuradas con diagramas que les ayudan a los usuarios a empezar a generar sus propios diagramas de riesgos.

Controles de Riesgos

El sistema PEAT ERM también permite crear tablas de **Control de Riesgos** y tendencias de KRI a lo largo del tiempo (Gráfico 2.14), y se pueden aplicar controles a los procesos estadísticos. Las tablas de control ayudan a determinar de manera visual y estadística si un evento de riesgo específico, está controlado o fuera de control. Por ejemplo, si el número de eventos de riesgo, tal como un accidente en una planta o los picos dentro de un periodo de tiempo determinado, fue el conjunto de eventos esperados bajo circunstancias estadísticamente normales o fue un atípico que requería de un análisis más detallado?

Inicie digitando o pegando en la cuadrícula algunos datos históricos. Seleccione el tipo de tabla que va a mostrar y digite la variable que se va a probar (p.ej., VAR7). Finalice haciendo *clic* en *Ejecutar*. Se pueden guardar múltiples tablas para recuperarlas en un futuro, agregando un nombre y dando *clic* en *Guardar Como*.

Los límites de control estadístico de las tablas se calculan con base en los datos reales recolectados (p.ej., el número de riesgos en una planta de producción de una fábrica). El número de eventos de riesgos se toma en el tiempo y se calcula el límite de control superior (UCL) y el límite de control inferior (LCL), tal como la línea central (CL) y otros niveles de sigma. La tabla resultante se denomina tabla de control, y si el proceso se encuentra fuera de control, la línea de defecto real estará por fuera de las líneas UCL y LCL. Usualmente, cuando la LCL tiene un valor negativo, establecemos el piso en ceros. El software ERM presenta varios tipos de tablas de control, y cada tipo se utiliza bajo distintas circunstancias.

- *Tabla-X*: se utiliza cuando la variable tiene valores de datos sin procesar y existen múltiples mediciones en un experimento de muestra, cuando se corren múltiples experimentos, y cuando hay un interés en el promedio de los datos recolectados.

- *Tabla-R*: se utiliza cuando la variable tiene valores sin procesar y hay múltiples mediciones en un experimento de muestra, cuando se corren múltiples experimentos, y cuando hay un interés en el rango de los datos recolectados.

- *Tabla-XmR*: se utiliza cuando la variable tiene datos sin procesar y es una única medición tomada en cada experimento de muestra, cuando se corren múltiples experimentos, y cuando hay un interés en el valor real de los datos recolectados.

- *Tabla-P*: se utiliza cuando la variable de interés es un atributo (p.ej., defectuoso o no defectuoso) y los datos recolectados están en proporción con los defectos (o número de defectos en una muestra específica) y hay múltiples mediciones en un experimento de muestra, se ejecutan múltiples experimentos y hay un interés por la proporción promedio de los defectos de los datos recolectados; y cuando el número de muestras recolectadas difiere en cada experimento.

- *Tabla-NP:* se utiliza cuando la variable de interés es un atributo (p.ej., defectuoso o no defectuoso) y los datos recolectados están en proporción con los defectos (o número de defectos en una muestra específica) y cuando existen múltiples mediciones en un experimento de muestra, se ejecutan múltiples experimentos y cuando hay un de interés por la proporción promedio de los defectos en los datos recolectados; igualmente, el número de muestras recolectadas en cada experimento es constante para todos los experimentos.

- *Tabla-C*: se utiliza cuando la variable de interés es un atributo (p.ej., defectuoso o no defectuoso) y los datos recolectados son el número total de defectos (conteo real en unidades) y existen múltiples mediciones en un experimento de muestra, se ejecutan múltiples experimentos y el número promedio de los defectos de los datos recolectados es de interés; además, el número de muestras recolectadas en cada experimento es el mismo.

- *Tabla-U*: se utiliza cuando la variable de interés es un atributo (p.ej., defectuoso o no defectuoso) y los datos recolectados son el total de defectos (conteo real en unidades) y existen múltiples mediciones en un experimento de muestra, se ejecutan múltiples experimentos y el número promedio de los defectos de los datos recolectados es de interés; además, el número de muestras recolectadas difiere en cada experimento.

Pronóstico de Riesgos

Los datos históricos de los riesgos se pueden utilizar para aplicar la modelación predictiva a fin de pronosticar los estados futuros de los riesgos, así como el Rastreo de Riesgos, los Pronósticos de Riesgos en Series de Tiempo, Probabilidad de Ocurrencia de PDF/CDF, y las Imágenes por periodo y a lo largo del tiempo (Gráfico 2.15). En la sección de **Pronóstico de Riesgos,** ya sea utilizando los datos históricos o las estimaciones de expertos, usted puede ejecutar los modelos de pronóstico en datos de series de tiempo o transversales aplicando la analítica avanzada de pronóstico tales como ARIMA Auto ARIMA, Auto Econometría, Econometría Básica, *Splines* Cúbicos, Lógica Difusa, GARCH (8 variaciones), Curvas-J Exponenciales, Curvas-S Logísticas, las cadenas de Markov, Modelos Lineales Generalizados (Logit, Probit, y Tobit), las Regresiones Multivariadas (Lineales y No-Lineales), Redes Neuronales, Procesos Estocásticos (Movimiento Browniano, Reversión de la Media, Difusión de Salto), Análisis de Series de Tiempo, y Líneas de Tendencia.

Mitigación de Riesgos

La sección sobre **Mitigación de Riesgos** en el ERM de PEAT ayuda a determinar si una estrategia o técnica de mitigación de riesgos específica está funcionando, al menos estadísticamente hablando (Gráfico 2.16). Los gerentes de riesgos pueden recolectar datos *antes* y *después* de implementar una estrategia de mitigación de riesgos y determinar si hay una diferencia estadísticamente significativa entre los dos. La utilidad permite la valoración y el cálculo estadístico de la eficacia de los programas de mitigación de riesgos por medio de varios métodos de pruebas de hipótesis. Por ejemplo, en el evento de riesgo por los errores en los depósitos de cheques, el banco podría potencialmente invertir en escáneres de cheques de alta resolución con un software de reconocimiento óptico de caracteres que contenga algoritmos, para verificar cualesquiera errores potenciales humanos. Si se rastrea el número de errores de los cheques antes de implementar el nuevo sistema de escáneres y se comparan después de su implementación, los analistas de riesgos pueden determinar la eficacia y eficiencia de dicho escáner, si valió la pena el dinero que se invirtió, y si se deben implementar escáneres adicionales en todas las otras sucursales bancarias.

Conocimiento sobre Riesgos

Cualquier buen sistema de ERM siempre debe incluir las guías rápidas de inicio y los videos de capacitación. En **Centro de Conocimiento** del módulo ERM en PEAT contiene diapositivas, materiales de capacitación, y videos que son completamente personalizables para una organización (Gráfico 2.17).

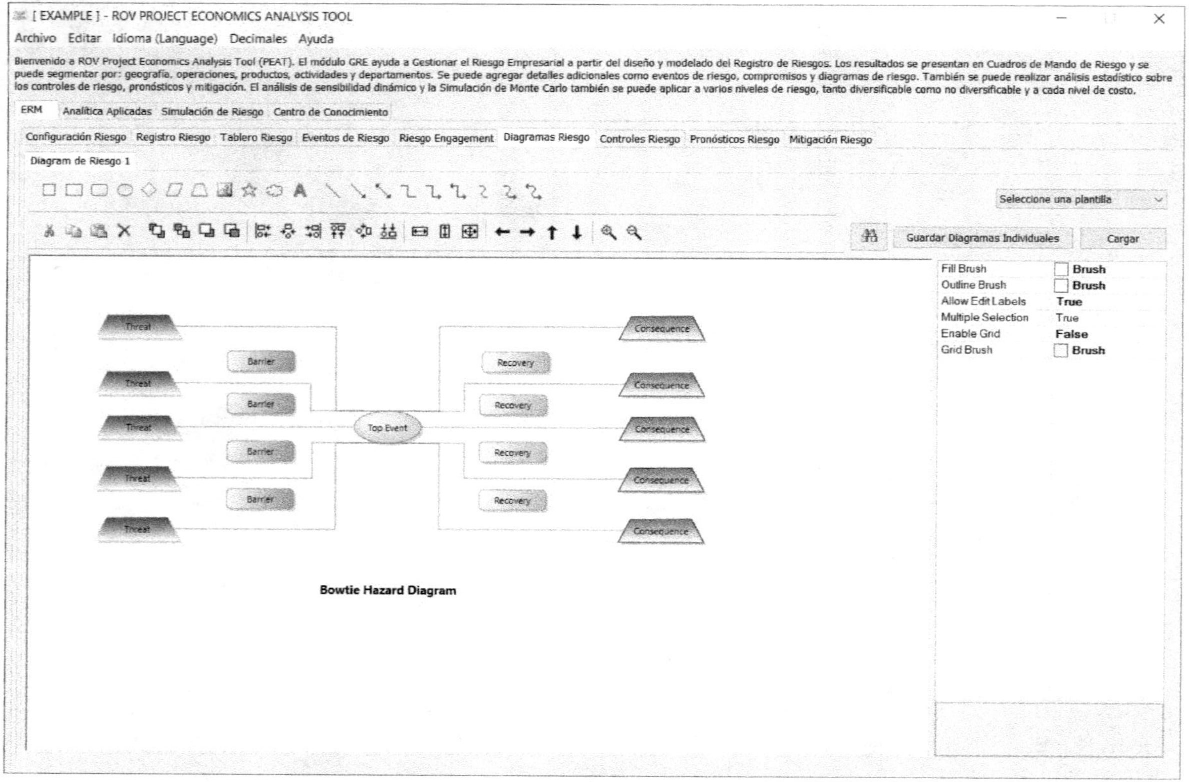

Gráfico 2.13: Diagrama de Riesgos

[EXAMPLE] - ROV PROJECT ECONOMICS ANALYSIS TOOL

Archivo   Editar   Idioma (Language)   Decimales   Ayuda

Bienvenido a ROV Project Economics Analysis Tool (PEAT). El módulo GRE ayuda a Gestionar el Riesgo Empresarial a partir del diseño y modelado del Registro de Riesgos. Los resultados se presentan en Cuadros de Mando de Riesgo y se puede segmentar por: geografía, operaciones, productos, actividades y departamentos. Se puede agregar detalles adicionales como: eventos de riesgo, compromisos y diagramas de riesgo. También se puede realizar análisis estadístico sobre los controles de riesgo, pronósticos y mitigación. El análisis de sensibilidad dinámico y la Simulación de Monte Carlo también se puede aplicar a varios niveles de riesgo, tanto diversificable como no diversificable y a cada nivel de costo.

ERM   Analítica Aplicadas   Simulación de Riesgo   Centro de Conocimiento

Configuración Riesgo   Registro Riesgo   Tablero Riesgo   Eventos de Riesgo   Riesgo Engagement   Diagramas Riesgo   Controles Riesgo   Pronósticos Riesgo   Mitigación Riesgo

Análisis
Gráfico de Control: C
Gráfico de Control: NP
Gráfico de Control: P
Gráfico de Control: R
Gráfico de Control: U
Gráfico de Control: X
Gráfico de Control: XMR
Gráficos: Area 2D
Gráficos: Barras 2D
Gráficos: Línea 2D
Gráficos: 2D Pareto

Datos:
> Var1; Var2

Cargar Ejemplo   Borrar Datos

Nombre: Gráfico Control P

Modelo
Gráfico 2D Area
Gráfico 2D Barras
Gráfico 2D Linea
Gráfico 2D Pareto
Gráfico 2D Puntos
Gráfico 2D Dispersion
Gráfico 3D Area
Gráfico 3D Barras
Gráfico 3D Linea

Guardar como   Guardar   Editar   Eliminar

Correr   Cuadrícula   Copiar Tabla

Datos: Ver7;Var8

No..	VAR1 M1	VAR2 M2	VAR3 X2	VAR4 X4	VAR5 Y
1	138.9000	286.7000	185.0000	79.6000	521.0000
2	139.4000	287.8000	600.0000	1.0000	367.0000
3	139.7000	289.1000	372.0000	32.3000	443.0000
4	139.7000	290.1000	142.0000	45.1000	365.0000
5	140.7000	292.3000	432.0000	190.8000	614.0000
6	141.2000	293.9000	290.0000	31.8000	385.0000
7	141.7000	295.3000	346.0000	678.4000	286.0000
8	141.9000	296.4000	328.0000	340.8000	397.0000
9	141.0000	296.5000	354.0000	239.6000	764.0000
10	140.5000	296.6000	266.0000	111.9000	427.0000
11	140.4000	297.2000	320.0000	172.5000	153.0000
12	140.0000	297.8000	197.0000	12.2000	231.0000
13	140.0000	298.3000	266.0000	205.6000	524.0000
14	139.9000	298.5000	173.0000	154.6000	328.0000
15	139.8000	299.2000	190.0000	49.7000	240.0000
16	139.6000	300.1000	239.0000	30.3000	286.0000
17	139.6000	301.0000	190.0000	92.8000	285.0000
18	139.6000	302.2000	241.0000	96.9000	569.0000
19	140.2000	304.2000	189.0000	39.8000	96.0000
20	141.3000	306.8000	358.0000	489.2000	498.0000
21	141.2000	308.2000	315.0000	767.6000	481.0000
22	140.9000	309.6000	303.0000	163.6000	468.0000

Defect Prop. — LCL — CL — UCL — 1 Sigma + — 1 Sigma - — 2 Sigma + — 2 Sigma -

Valor / Itn

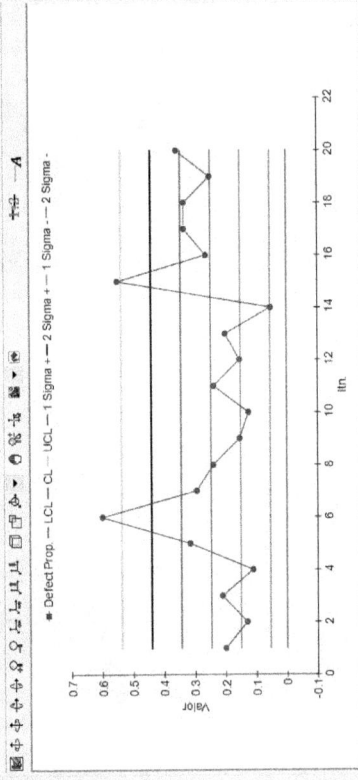

Gráfico 2.14: Gráficos de Control de Riesgos (Muestra del Gráfico-C)

Archivo Editar Idioma (Language) Decimales Ayuda

Bienvenido a ROV Project Economics Analysis Tool (PEAT). El módulo GRE ayuda a Gestionar el Riesgo Empresarial a partir del diseño y modelado del Registro de Riesgos. Los resultados se presentan en Cuadros de Mando de Riesgo y se puede segmentar por: geografía, operaciones, productos, actividades y departamentos. Se puede agregar detalles adicionales como eventos de riesgo, compromisos y diagramas de riesgo. También se puede realizar análisis estadístico sobre los controles de riesgo, pronósticos y mitigación. El análisis de sensibilidad dinámico y la Simulación de Monte Carlo también se puede aplicar a varios niveles de riesgo, tanto diversificable como no diversificable y a cada nivel de costo.

ERM Analítica Aplicadas Simulación de Riesgo Centro de Conocimiento

Configuración Riesgo Registro Riesgo Tablero Riesgo Eventos de Riesgo Riesgo Engagement Diagramas Riesgo Controles Riesgo Pronósticos Riesgo Mitigación Riesgo

No.	VAR1 Historical	VAR2 Y	VAR3 X1	VAR4 X2	VAR5 X3
1	684.2000	521.0000	18.308,00...	185.0000	4.0410
2	584.1000	367.0000	1,148.0000	600.0000	0.5500
3	765.4000	443.0000	18.060,00...	372.0000	3.6650
4	892.3000	365.0000	7,729.0000	142.0000	2.3510
5	885.4000	614.0000	100,484.0...	432.0000	29.7600
6	677.0000	385.0000	16.728,00...	290.0000	3.2940
7	1,006.6000	286.0000	14.630,00...	346.0000	3.2870
8	1,122.1000	397.0000	4,008.0000	328.0000	0.6660
9	1,163.4000	764.0000	38.927,00...	354.0000	12.9380
10	993.2000	427.0000	22.322,00...	266.0000	6.4780
11	1,312.5000	153.0000	3,711.0000	320.0000	1.1080
12	1,545.3000	231.0000	3,136.0000	197.0000	1.0070
13	1,596.2000	524.0000	50.508,00...	266.0000	11.431C
14	1,260.4000	328.0000	28.886,00...	173.0000	5.5440
15	1,735.2000	240.0000	16.996,00...	190.0000	2.7770
16	2,029.7000	286.0000	13.035,00...	239.0000	2.4780
17	2,107.8000	285.0000	12.973,00...	190.0000	3.6850
18	1,650.3000	569.0000	16.309,00...	241.0000	4.2200
19	2,304.4000	96.0000	5.227,0000	189.0000	1.2280
20	2,639.4000	498.0000	19.235,00...	358.0000	4.7810
21		481.0000	44.487,00...	315.0000	6.0160
22		468.0000	44.213,00...	303.0000	9.2950

Pronóstico

Regresión por Pasos (Hacia Adelante)
Regresión por Pasos (Hacia Adelante-Atrás)
Regresión Múltiple (Lineal)
Regresión Múltiple (No Lineal)
Análisis de Series de Tiempo (Auto)
Análisis de Series de Tiempo (Suavizamie...
Análisis de Series de Tiempo (Promedio ...
Análisis de Series de Tiempo (Promedio ...
Análisis de Series de Tiempo (Holt-Winter...
Análisis de Series de Tiempo (Holt-Winter...
Análisis de Series de Tiempo (Aditivo Es...
Análisis de Series de Tiempo (Multiplicati...
Análisis de Series de Tiempo (Suavizamie...
Análisis de Series de Tiempo (Promedio ...
Línea de Tendencia (Diferenciado)
Línea de Tendencia (Exponencial Decrecient

Cargar Ejemplo   Borrar Datos

Gráfico   Estadísticos

Datos,
Estacionalidad(Períodos/Cíclo
Períodos a Pronóstican,
Alpha(Optional:0-1 else
optimized),
Beta(Optional:0-1 else
optimized),
Gamma(Optional:0-1 else
optimized)):
> Var1
> 4
> 3
> 2
> 2
> 2

Nombre: T'S Análisis Auto

Modelo
Tendencia Log
Tendencia MA Detenida
Tendencia MA
Tendencia Poly Detenida
Tendencia Poly
Tendencia Power Detenida
Tendencia Poder
Tendencia Tarifa Detenida
Tendencia Estático Media Dete...
Tendencia Estático Mediana De...
Regresión lineal múltiple
Regresión múltiple no lineal
Regresión por Pasos (Hacia Atr...

Guardar como   Guardar

Editar   Eliminar

Correr   Cuadrícula   Copiar Tabla

Var1
4
8

Real vs. Pronóstico

Gráfico 2.15: Pronóstico del Riesgo

Archivo   Editar   Idioma (Language)   Decimales   Ayuda

Bienvenido a ROV Project Economics Analysis Tool (PEAT). El módulo GRE ayuda a Gestionar el Riesgo Empresarial a partir del diseño y modelado del Registro de Riesgos. Los resultados se presentan en Cuadros de Mando de Riesgo y se puede segmentar por: geografía, operaciones, productos, actividades y departamentos. Se puede agregar detalles adicionales como eventos de riesgo, compromisos y diagramas de riesgo. También se puede realizar análisis estadístico sobre los controles de riesgo, pronósticos y mitigación. El análisis de sensibilidad dinámico y la Simulación de Monte Carlo también se puede aplicar a varios niveles de riesgo, tanto diversificable como no diversificable y a cada nivel de costo.

ERM   Analítica Aplicadas   Simulación de Riesgo   Centro de Conocimiento

Configuración Riesgo   Registro Riesgo   Tablero Riesgo   Eventos de Riesgo   Riesgo Engagement   Diagramas Riesgo   Controles Riesgo   Pronósticos Riesgo   Mitigación Riesgo

No..	VAR1 DATA1	VAR2 DATA2	VAR3 DATA3	VAR4 DATA4	VAR5 DATA5
1	10.0000	10.0000	10.0000	10.0000	0.0360
2	43.0000	13.0000	17.0000	14.0000	0.0990
3	14.0000	3.0000	14.0000	14.0000	0.0360
4	15.0000	15.0000	12.0000	15.0000	0.0740
5	18.0000	32.0000	18.0000	18.0000	0.0300
6	19.0000	24.0000	19.0000	32.0000	0.0540
7	19.0000	55.0000	19.0000	19.0000	0.0170
8	21.0000	3.0000	21.0000	21.0000	0.0320
9	22.0000	22.0000	22.0000	22.0000	0.0890
10	21.0000	22.0000	21.0000	21.0000	0.0770
11	26.0000	23.0000	26.0000	26.0000	0.0860
12	28.0000	28.0000	28.0000	28.0000	0.0330
13	29.0000	56.0000	29.0000	29.0000	0.0900
14	30.0000	30.0000	30.0000	30.0000	0.0740
15	33.0000	33.0000	33.0000	22.0000	0.0070
16	32.0000	37.0000	44.0000	53.0000	0.0540
17	39.0000	75.0000	39.0000	39.0000	0.0980
18	44.0000	44.0000	44.0000	44.0000	0.0500
19	44.0000	44.0000	44.0000	44.0000	0.0860
20	46.0000	46.0000	46.0000	46.0000	0.0900
21	48.0000	48.0000	21.0000	48.0000	0.0650
22	55.0000	55.0000	55.0000	55.0000	0.0200

Análisis

No-paramétrica: Prueba de Friedman
No-paramétrica: Prueba de Kruskal-Wallis
Paramétrica: Varianza de Dos Variables (F)
Paramétrica: Medias de Dos Variables (T)
Paramétrica: Similitud de Varianzas Independientes de...
Paramétrica: Medias Independientes de Dos Variables ...
Paramétrica: Proporciones Independientes de Dos Vari...

Cargar Ejemplo   Borrar Datos

Dos Variables (T) Varianza Igual Independiente
Columna 1 Observaciones : 28
Columna 1 Media de la Muestra : 35.892857
Columna 1 Desviación Estándar de la Muestra : 16.555942
Columna 2 Observaciones : 28
Columna 2 Media de la Muestra : 37.428571
Columna 2 Desviación Estándar de la Muestra : 20.810305
Ejemplo de Diferencia de Medias : -1.535714
t de Student : -0.305582
Media Hipotética : 0.000000

Valor p izquierdo : 0.380549
no significativo en los siguientes niveles: 1%, 5%, y 10%
no rechazado
no significativamente inferior a la diferencia de media hipotética.

Valor p derecho : 0.619451.
no significativo en los siguientes niveles: 1%, 5%, y 10%
no rechazado
no significativamente mayor que la diferencia de media hipotética.

Valor p a ambos extremos : 0.761098
no significativo en los siguientes niveles: 1%, 5%, y 10%
no rechazado
significativamente distinta a la diferencia de media hipotética.

Nombre: Dos Variables T Varianza Igual Independiente

Guardar como
Guardar
Editar
Eliminar
^ v
Correr   Cuadrícula   Copiar Resultados

Modelo
Dos Variables T Medias Dependientess
Dos Variables T Varianza Igual Independiente
Dos Variables Z Medias Independientes
Dos Variables Z Proporciones Independientes
Dos Variables F Varianzas
No paramétrico: Test de Friedman
No paramétrico: Test de Kruskal-Wallis

Var1;Var2
0

Datos (=2), Media Hipotetica:
> Var1; Var2
> 5

Gráfico 2.16: Mitigación del Riesgo

Archivo   Editar   Idioma (Language)   Decimales   Ayuda

Bienvenido a ROV Project Economics Analysis Tool (PEAT). El módulo GRE ayuda a Gestionar el Riesgo Empresarial a partir del diseño y modelado del Registro de Riesgos. Los resultados se presentan en Cuadros de Mando de Riesgo y se puede segmentar por: geografía, operaciones, productos, actividades y departamentos. Se puede agregar detalles adicionales como eventos de riesgo, compromisos y diagramas de riesgo. También se puede realizar análisis estadístico sobre los controles de riesgo, pronósticos y mitigación. El análisis de sensibilidad dinámico y la Simulación de Monte Carlo también se puede aplicar a varios niveles de riesgo, tanto diversificable como no diversificable y a cada nivel de costo.

ERM   Analítica Aplicadas   Simulación de Riesgo   Centro de Conocimiento

Procedimientos Paso a Paso   Procedimientos con Aplicaciones Prácticas   Videos para Iniciar

| << Anterior | Step 01 of 33 | Siguiente >> |

Bienvenido al Centro de Conocimiento de la Herramienta de Análisis Económico de Proyectos (PEAT) del ROV [ROV's Project Economics Analysis Tool - PEAT]. Aquí encontrará guías de introducción y ejemplos de procedimientos que le ayudarán a ponerse al día rápidamente en el uso del software. Haga clic en los botones ANTERIOR y SIGUIENTE para navegar de diapositiva o para ver los vídeos de Introducción. También se resaltan en amarillo algunos elementos de las siguientes figuras para atraer su atención a las áreas clave que se discuten en la diapositiva. Cuando inicie PEAT, seleccione primero el módulo que desea ejecutar (por ejemplo, Gestión de Riesgo Institucional, Gestión de Proyecto, Inversión Empresarial), y así sucesivamente; en futuras versiones se añadirán más módulos adicionales). Luego seleccione NUEVO (para iniciar un nuevo modelo desde cero), ABRIR (para abrir un modelo existente), o CARGAR EJEMPLO (para cargar un modelo de ejemplo ya completado) [esta última opción es útil cuando intente aprender las funcionalidades del software). Siguiendo adelante, asumimos que el módulo Gestión de Riesgo Institucional está seleccionado y ya hizo clic en cargar Ejemplo

Real Options Valuation

○ Inversión Corporativa - FDC Estocástico

○ Gestión de Riesgo Empresarial (GRE) - Riesgo Cronograma-Costo

○ Gestión de Proyectos - Riesgo Cronograma-Costo

○ Análisis de Objetivos - Modelación de Ventas y Canales

○ Bancos - Riesgo de Crédito, Mercado, Operacional y Liquidez

○ Inversión Corporativa - Compra vs Arrendar

○ Análisis del Sector Público - Valor Agregado del Conocimiento

○ Petróleo y Gas - Análisis de Decisiones de Inversión

○ Petróleo y Gas - Campos de Reservas Petrolíferas

○ Petróleo y Gas - Análisis de Recuperación de Reservas Remanentes

○ Petróleo y Gas - Tipo de Curvas para Pozos

● Modelos Encriptados Personalizados

Project Economics Analysis Tool

© Derechos de autor 2012-2016 Real Options Valuation, Inc.

Aplicando metodologías de Gestión Integrada de Riesgos (Simulación de Riesgo Monte Carlo, Opciones Reales Estratégicas, Pronósticos Estocásticos, Análisis de Negocios y Optimización de Portafolio) a análisis económico y financiero de proyectos y portafolio.

| Cargar Ejemplo | Spanish |

| Iniciar el Módulo | Salir |

Salud - Health Economics Analysis Tool (HEAT)
Salud - Rapid Economic Justification (REJ)
Saudi Aramco - Modelo Económico Estándar FPD
Saudi Aramco - Modelo Económico Extendido FPD
Saudi Aramco - Proyectos Estándar de Finanzas Corporativas CFPD
Saudi Aramco - Valoración Empresa Joint Venture JV
Cubic Corp - Gestión del Portafolio Corporativo
Northrop Grumman - Modelo RAD
Northrop Grumman - Análisis de Curvas-S
Análisis Multicriterio

Gráfico 2.17: Centro de Conocimiento sobre Riesgos

Eventos de Riesgos

En ciertas ocasiones, los Registros de Riesgos se pueden simplificar para que no requieran Probabilidad, Impacto, cantidades de Exposición al Riesgo, Costos de Mitigación o cantidades de Exposición a Riesgos Residuales. En otras palabras, la organización solamente requiere información cualitativa y detalles. En dichas situaciones, usted puede omitir partes de la sección de las *Configuraciones de Riesgos* y omitir completamente la sección del *Registro de Riesgos*. En cambio, puede proceder directamente a las secciones de **Eventos de Riesgos** e **Intervención de Riesgos.**

El Gráfico 2.18 muestra una ilustración de un Registro de Riesgos simplificado de elementos en el sistema PEAT ERM utilizando la sección de **Eventos de Riesgo | Entradas de Eventos.** Los mapas de riesgo se pueden utilizar aún pero solamente se usan y se capturan los conteos de eventos de riesgos, los nombres de los eventos y las fechas. Seleccione una *División, G.O.P.A.D* o *Categoría de Riesgo* y seleccione el *Gerente de Riesgos* relevante e ingrese un *Nombre del Evento, el Conteo* y *Fecha del Evento.* Se puede guardar la totalidad de la cuadrícula con el conjunto de datos y se pueden agregar conjuntos de datos adicionales, según se requiera.

Si la *Entrada* de *Evento* más rígida requiere más personalización, continúe entonces a la sección de **Entrada Personalizada de Evento.** Una vez allí, haga *clic* en el botón de *Personalizar,* para agregar nuevos segmentos y crear sus propias entradas personalizadas para la cuadrícula inferior (Gráfico 2.19). Como de costumbre, aquí se guardan los múltiples conjuntos de datos.

Una vez completadas ya sea las secciones de *Entrada de Eventos* o *Entrada Personalizada de Eventos,* proceda a la sección de **Informes de Eventos** para ver los informes y las tablas. En la **Tabla de Riesgos,** inicie seleccionando el conjunto de datos para analizar, e identifique los segmentos de riesgos para visualizar. Haga *clic* en el botón de *Actualizar* (Gráfico 2.20). Allí se exhibirá una tabla de conteos. Los resultados también se pueden visualizar como un gráfico de barras en la sección de **Tabla de Riesgos** (Gráfico 2.21).

Intervención de Riesgos

A veces, sólo se requiere guardar y archivar la información cualitativa de los eventos de riesgo, sin que haya necesidad de crear divisiones o segmentaciones, o sea omitiendo completamente las *Configuraciones de Riesgos* y el *Registro de Riegos*. Aquí es en donde la sección de **Intervención de Riesgo** del ERM de PEAT resulta útil. Se pueden crear Múltiples Intervenciones de Riesgo en un único archivo en dónde cada una de las siguientes sub-secciones tiene múltiples Elementos de Riesgo: Riesgos de Pre-Intervenciones, Riesgos de Intervención, Lecciones Aprendidas y Registro de Riesgos Personalizado, tal como se aprecia en los Gráficos 2.22-2.25. Al archivar estos aspectos cualitativos del riesgo, se puede generar una Biblioteca de Riesgos para que se puedan analizar los riesgos históricos a lo largo del tiempo. En cada una de estas cuatro secciones, las secciones superiores son idénticas. Por ejemplo, cada sección se puede *Personalizar* en términos de encabezados por columna y categoría. Se pueden ingresar o pegar múltiples filas de datos cualitativos dentro de la cuadrícula de datos y ser guardadas como un conjunto de datos. También se pueden generar *Informes* para el conjunto de datos activo. Finalmente, el hacer doble *clic* derecho en los nombres de las pestañas, le permite *Renombrar*, *Agregar una Nueva Pestaña*, o *Duplicar* la pestaña existente. Por ejemplo, el nombre predeterminado de la pestaña de *Pre-Intervención* se puede cambiar por algo más adecuado si se requiere. A continuación una rápida comparación y contraste de las cuatro secciones:

- **Pre-Intervención.** Las notas y comentarios cualitativos se pueden ingresar, bajo tres niveles de *Criterio de Riesgos* (Gráfico 2.22). Esta subsección permite identificar y catalogar hasta tres niveles de elementos de riesgo.

- **Intervención.** Las notas y los comentarios cualitativos se pueden ingresar de manera similar, pero esta subsección también ofrece la posibilidad de ingresar un valor numérico para la *Probabilidad* (L) y el *Impacto* (I), y los KRI se calculan automáticamente (Gráfico 2.23).

- **Lecciones Aprendidas.** Las notas y los comentarios cualitativos se pueden ingresar en un formato fluido, sin necesitar los niveles de criterios de riesgos o las entradas de probabilidad e impacto.

- **Registro Personalizado de Riesgos.** Esta subsección puede ser una combinación del Registro de Riesgos tradicional y un conjunto de datos más personalizado y fluido (Gráfico 2.25). Su botón de *Categoría Personalizada* se puede utilizar para agregar los elementos tradicionales tales como el *Elemento de Riesgo*, el cual actualizará automáticamente las columnas de *Categoría* y *División*.

[EXAMPLE] - ROV PROJECT ECONOMICS ANALYSIS TOOL

Archivo   Editar   Idioma (Language)   Decimales   Ayuda

Bienvenido a ROV Project Economics Analysis Tool (PEAT). El módulo GRE ayuda a Gestionar el Riesgo Empresarial a partir del diseño y modelado del Registro de Riesgos. Los resultados se presentan en Cuadros de Mando de Riesgo y se puede segmentar por: geografía, operaciones, productos, actividades y departamentos. Se puede agregar detalles adicionales como eventos de riesgo, compromisos y diagramas de riesgo. También se puede realizar análisis estadístico sobre los controles de riesgo, pronósticos y mitigación. El análisis de sensibilidad dinámico y la Simulación de Monte Carlo también se puede aplicar a varios niveles de riesgo, tanto diversificable como no diversificable y a cada nivel de costo.

ERM   Analítica Aplicadas   Simulación de Riesgo   Centro de Conocimiento

Configuración Riesgo   Registro Riesgo   Tablero Riesgo   Eventos de Riesgo   Riesgo Engagement   Diagramas Riesgo   Controles Riesgo   Pronósticos Riesgo   Mitigación Riesgo

Entrada de Evento ERM   Entrada de Evento Personalizado   Reportes de Eventos

Empiece creando o editando una nueva base de datos, luego seleccione una División, GOPAD o Categoría de Riesgo. Seleccione un Administrador de Riesgo e introduzca la información del evento.

Seleccione una División:

División
- ☑ Europa
- ☐ MO
- ☐ EEUU

Seleccione un GOPAD:

GOPAD
- ☐ P-Croydon
- ☐ P-Dublin
- ☐ P-Saudi
- ☐ D-Risk
- ☐ D-Finance
- ☐ D-Oper
- ☐ D-TI
- ☐ D-Legal

Seleccione una categoría de Riesgo:

Categoría
- ☐ Cliente
- ☐ Competencia
- ☐ Cumplimiento
- ☐ Concentración
- ☐ Costo
- ☐ Crédito
- ☐ Cultura
- ☐ Economía
- ☐ Financiero

Administrador de Riesgo/Reporte

Administrador
- ☑ JJSmith
- ☐ JCannon
- ☐ RCarter
- ☐ SMinh
- ☐ RRodgers

El conteo total de Eventos es 168, el número de entradas por fila es 28, con la última fecha del evento ingresada 12/15/2014

No.	Event Name	Count	Event Date	Selected Segment	Entered By
1	Registros faltantes	2	1/27/2014	D-Finance	JJSmith
2	Posible fraude	3	2/20/2014	D-Finance	JCannon
3	Lesiones del personal	4	1/25/2014	D-Oper	SMinh
4	Lesiones del personal	6	3/15/2014	D-Oper	SMinh
5	Posible fraude	4	4/27/2014	D-Finance	JCannon
6	Lesiones del personal	6	4/30/2014	D-Oper	SMinh
7	Pagos atrasados	6	2/28/2014	D-Finance	JCannon
8	Pagos atrasados	4	4/27/2014	D-Finance	JCannon
9	Quejas de los clientes	15	1/31/2014	D-Oper	RCarter
10	Quejas de los clientes	18	2/28/2014	D-Oper	RCarter
11	Quejas de los clientes	22	3/28/2014	D-Oper	RCarter
12	Lesiones del personal	6	6/30/2014	D-Oper	JCannon
13	Lesiones del personal	4	8/31/2014	D-Oper	JCannon

Adicionar Evento   Notes (Optional)   Eliminar Evento

Recomendamos crear nuevas bases de datos para cada año o cada localización física para que los reportes de eventos de riesgo puedan ser comparados posteriormente.

Guardar como una nueva base de datos:

2014 Registro de eventos de riesgo   Guardar como

Lista de Bases de Datos Guardadas:

Base de Datos
2014 Registro de eventos de riesgo
2013 Registro de eventos de riesgo

Nuevo   Eliminar
Editar   Guardar

<
>

Gráfico 2.18: Ingreso de Datos y Archivo de los Eventos de Riesgo

Archivo   Editar   Idioma (Language)   Decimales   Ayuda

Bienvenido a ROV Project Economics Analysis Tool (PEAT). El módulo GRE ayuda a Gestionar el Riesgo Empresarial a partir del diseño y modelado del Registro de Riesgos. Los resultados se presentan en Cuadros de Mando de Riesgo y se puede segmentar por: geografía, operaciones, productos, actividades y departamentos. Se puede agregar detalles adicionales como eventos de riesgo, compromisos y diagramas de riesgo. También se puede realizar análisis estadístico sobre los controles de riesgo, pronósticos y mitigación. El análisis de sensibilidad dinámico y la Simulación de Monte Carlo también se puede aplicar a varios niveles de riesgo, tanto diversificable como no diversificable y a cada nivel de costo.

ERM   Analítica Aplicadas   Simulación de Riesgo   Centro de Conocimiento

Configuración Riesgo   Registro Riesgo   Tablero Riesgo   Eventos de Riesgo   Riesgo Engagement   Diagramas Riesgo   Controles Riesgo   Pronósticos Riesgo   Mitigación Riesgo

Entrada de Evento ERM   Entrada de Evento Personalizado   Reportes de Eventos

Inicie creando sus propios segmentos y listas personalizadas, luego cree una nueva base de datos o edite una existente. Seleccione el segmento relevante e ingrese la información del evento.

Seleccione un segmento: Personalizar...

Segmento

General
Cirugía
UCI
Ortopédica
Oncology
Registros médicos
Farmacia
Sala de operaciones

No.	Nombre del Evento	Conteo	Fecha del Evento	Segmento Seleccionado	Ingresado por	Notas (Opcional)
1	Lesiones del personal	3	1/24/2014	General	Enfermera 155	
2	Lesiones del personal	6	3/27/2014	General	Enfermera 155	
3	Infección	2	3/27/2014	Surgery	DOC 15	
4	Fallas en el equipo	4	4/15/2014	ICU	Enfermera 254	
5	Temas ambulatorios	2	5/27/2014	Orthopedic	Enfermera 32	
6	Dosis incorrecta	1	6/30/2014	Pharmacy	Asist. De enfermera ...	
7	Dosis incorrecta	3	8/27/2014	Pharmacy	Asist. De enfermera ...	
8	Equipo faltante	2	4/15/2014	OR	Enfermera de sala d...	
9	Equipo faltante	6	10/27/2014	OR	Enfermera de sala d...	
10	Lesiones del personal	5	10/27/2014	General	Enfermera 155	
11	Infección	6	11/27/2014	Surgery	DOC 15	

Guardar como una nueva base de datos:

Eventos de riesgo hospitalario   Guardar como

Lista de Bases de Datos Guardadas:

Base de Datos

Eventos de riesgo hospitalario

Nuevo   Eliminar

Editar   Guardar

Ingrese información opcional adicional:

Reported By: Slippage and minor scrapes

Causes: Leaks from ceiling pipes made the floor wet in Ortho Dept.

Consequences: A few minor slips and bruises

Supervisor: Jacky Smith

Reviewed By:

Witnessed By:

Other Info:

More Details:

Guardar

Gráfico 2.19: Entradas Personalizadas de los Eventos de Riesgo

Archivo   Editar   Idioma (Language)   Decimales   Ayuda

Bienvenido a ROV Project Economics Analysis Tool (PEAT). El módulo GRE ayuda a Gestionar el Riesgo Empresarial a partir del diseño y modelado del Registro de Riesgos. Los resultados se presentan en Cuadros de Mando de Riesgo y se puede segmentar por: geografía, operaciones, productos, actividades y departamentos. Se puede agregar detalles adicionales como eventos de riesgo, compromisos y diagramas de riesgo. También se puede realizar análisis estadístico sobre los controles de riesgo, pronósticos y mitigación. El análisis de sensibilidad dinámico y la Simulación de Monte Carlo también se puede aplicar a varios niveles de riesgo, tanto diversificable como no diversificable y a cada nivel de costo.

ERM   Analítica Aplicadas   Simulación de Riesgo   Centro de Conocimiento

Configuración Riesgo   Registro Riesgo   Tablero Riesgo   Eventos de Riesgo   Riesgo Engagement   Diagramas Riesgo   Controles Riesgo   Pronósticos Riesgo   Mitigación Riesgo

Entrada de Evento ERM   Entrada de Evento Personalizado   Reportes de Eventos

Tabla de Riesgo   Gráfico de Riesgo

	Total	168	100%												
				14.88%	17.26%	17.86%	11.31%	8.93%	3.57%	1.79%	10.12%	9.52%	3.57%		1.19%
Subsegmentos	Conteo	%		Ene.	Feb.	Mar.	Abr.	May	Jun.	Jul.	Ago.	Sep.	Oct.	Nov.	Dic.
				25	29	30	19	15	6	3	17	16	6		2
D-Oper	113	67.26%		19	18	28	6	15	6		17	4			
D-Finance	22	13.10%		2	9		8					3			
D-TI	21	12.50%		2		2	5				6	6	6		
D-Risk	6	3.57%		2						3					1
D-Legal	6	3.57%			2							3			1

Emplee por seleccionar la base de datos para analizar:

ERM: 2014 Registro de eventos de riesgo

Luego, decida si desea correr un reporte para toda la organización o un segmento seleccionado con la organización. Si un segmento es requerido, seleccione la División Apropiada, GOPAD, o Categoría de Riesgo.

◉ Todos los Riesgos en los Segmentos de   GOPAD
○ Compare todas las Bases de Datos (Año por Año)
○ Reporte basado en la Selección del Segmento de Riesgo y Sub-se

○ División   ◉ GOPAD
○ Categoría   ○ Administrador

◉ Mostrar inicio   5   ◄► Riesgos en Gráfico
○ Mostrar todos los riesgos en el Gráfico

Actualización   Copiar

Guardar como un   Nuevo Reporte:

Monthly Breakdown of Risk Events 2014

Guardar como

Lista de Reportes Guardados:

Reporte
Monthly Breakdown of Risk Events 2014
Annual Comparisons of All Events
Risk Events in Finance
Risk Events in Operations
Custom Hospital ERM Report

Nuevo   Editar   Guardar   Eliminar

<   >

Gráfico 2.20: Tabla con datos sobre los Eventos de Riesgo

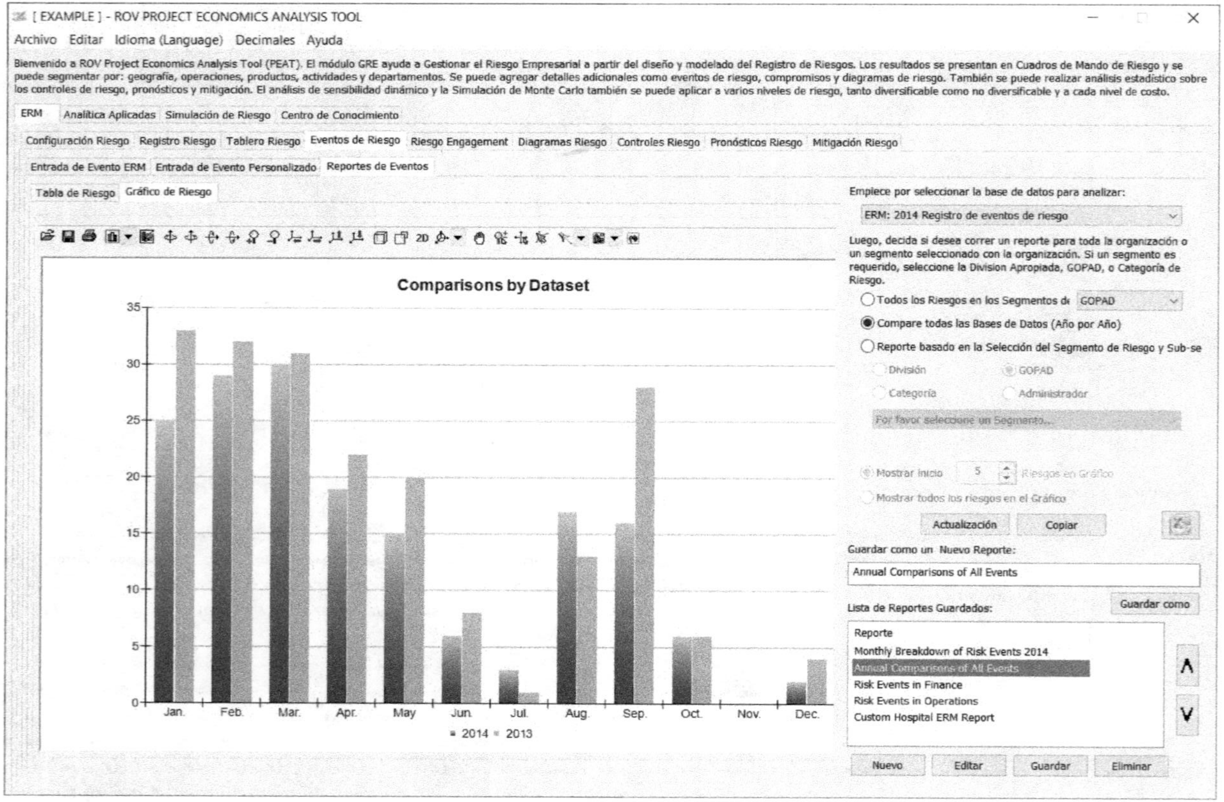
[EXAMPLE] - ROV PROJECT ECONOMICS ANALYSIS TOOL
Archivo Editar Idioma (Language) Decimales Ayuda
Bienvenido a ROV Project Economics Analysis Tool (PEAT). El módulo GRE ayuda a Gestionar el Riesgo Empresarial a partir del diseño y modelado del Registro de Riesgos. Los resultados se presentan en Cuadros de Mando de Riesgo y se puede segmentar por: geografía, operaciones, productos, actividades y departamentos. Se puede agregar detalles adicionales como eventos de riesgo, compromisos y diagramas de riesgo. También se puede realizar análisis estadístico sobre los controles de riesgo, pronósticos y mitigación. El análisis de sensibilidad dinámico y la Simulación de Monte Carlo también se puede aplicar a varios niveles de riesgo, tanto diversificable como no diversificable y a cada nivel de costo.
ERM
Analítica Aplicadas
Simulación de Riesgo
Centro de Conocimiento
Configuración Riesgo
Registro Riesgo
Tablero Riesgo
Eventos de Riesgo
Riesgo Engagement
Diagramas Riesgo
Controles Riesgo
Pronósticos Riesgo
Mitigación Riesgo
Entrada de Evento ERM
Entrada de Evento Personalizado
Reportes de Eventos
Tabla de Riesgo
Gráfico de Riesgo
Comparisons by Dataset
35
30
25
20
15
10
5
0
Jan.
Feb.
Mar.
Apr.
May
Jun.
Jul.
Aug.
Sep.
Oct.
Nov.
Dec.
2014
2013
Empiece por seleccionar la base de datos para analizar:
ERM: 2014 Registro de eventos de riesgo
Luego, decida si desea correr un reporte para toda la organización o un segmento seleccionado con la organización. Si un segmento es requerido, seleccione la División Apropiada, GOPAD, o Categoría de Riesgo.
Todos los Riesgos en los Segmentos de
GOPAD
Compare todas las Bases de Datos (Año por Año)
Reporte basado en la Selección del Segmento de Riesgo y Sub-se
División
GOPAD
Categoría
Administrador
Por favor seleccione un Segmento...
Mostrar Inicio
5
Riesgos en Gráfico
Mostrar todos los riesgos en el Gráfico
Actualización
Copiar
Guardar como un Nuevo Reporte:
Annual Comparisons of All Events
Lista de Reportes Guardados:
Guardar como
Reporte
Monthly Breakdown of Risk Events 2014
Annual Comparisons of All Events
Risk Events in Finance
Risk Events in Operations
Custom Hospital ERM Report
Nuevo
Editar
Guardar
Eliminar

Gráfico 2.21: Tablas de Eventos de Riesgo

Archivo   Editar   Idioma (Language)   Decimales   Ayuda

Bienvenido a ROV Project Economics Analysis Tool (PEAT). El módulo GRE ayuda a Gestionar el Riesgo Empresarial a partir del diseño y modelado del Registro de Riesgos. Los resultados se presentan en Cuadros de Mando de Riesgo y se puede segmentar por: geografía, operaciones, productos, actividades y departamentos. Se puede agregar detalles adicionales como eventos de riesgo, compromisos y diagramas de riesgo. También se puede realizar análisis estadístico sobre los controles de riesgo, pronósticos y mitigación. El análisis de sensibilidad dinámico y la Simulación de Monte Carlo también se puede aplicar a varios niveles de riesgo, tanto diversificable y a cada nivel de costo.

ERM   Analítica Aplicadas   Simulación de Riesgo   Centro de Conocimiento

Configuración Riesgo   Registro Riesgo   Tablero Riesgo   Eventos de Riesgo   Riesgo Engagement   Diagramas Riesgo   Controles Riesgo   Pronósticos Riesgo   Mitigación Riesgo

Compromiso Previo   Evaluación de Compromiso   Lecciones Aprendidas   Registro de Riesgos Personalizados

Nombre del Proyecto: Desarrollo de viviendas residenciales   Nombre: John Smith   Guardar como   Engagement

ID Proyecto: RH-563162   Notas: El desarrollo de 2500 unidades residenciales en las   Guardar   John Smith
                                                                            afueras de Leicester, Londres, finalizó en 2013

Actualizado: 10/28/2019   Nuevo   Editar

                   Copiar   [ ] filas   Reporte   Mostrar: 3 [ ] texto filas   Librería Riesgo   Eliminar

Categorías Personalizadas   [ ] ajuste automát.   Mostrar: 30 [ ] filas

| ARTÍCULO / PILAR | CATEGORIAS | EXPLICACIONES Y DET... | FUENTE DE DATOS | CRITERIO RIESGO | | | NOTAS |
				Riesgo Bajo	Riesgo Significativo	Riesgo Crítico	
Perfil del cliente	Experiencia en el trato con el cliente (integridad, pagos a	Hemos tratado con el cliente en el pasado y son muy exigentes en los	Experiencia anterior		Riesgo manejable si nuestros contratos son herméticos con respecto a		
Asociaciones	Socios potenciales y subcontratistas disponibles para reducir	Podemos mitigar cualquier riesgo técnico con nuestro grupo de		Tenemos un grupo de asociados existente			
Perfil del proyecto	Insuficiente información sobre la orden de la oferta, SDP tiene	SDP tiene algunos problemas técnicos que faltan, tales como quién	SDP Solicitud de propuestas		Se puede establecer en el contrato que la responsabilidad es del		
Competidores	Competidores clave para el proyecto	Se prevee la participación en la oferta de dos	Base de datos competitiva	Se les puede superar considerablemente en el precio			
Rentabilidad económica	Potenciales pérdidas financieras si no se controlan los riesgos de	El rebajar los precios hará que las ganacias se reduzcan y si se	Modelo de precios			La fijación de los precios es un riesgo significativo	
Capacidades internas	Posible falta de conocimientos y experiencia en la						
Obligaciones contractuales	Posibles negociaciones de contratos complejos y vacíos legales						

Gráfico 2.22: Intervención de Riesgo: Pre-Intervención, Evaluación de la Intervención y Lecciones Aprendidas

Archivo   Editar   Idioma (Language)   Decimales   Ayuda

Bienvenido a ROV Project Economics Analysis Tool (PEAT). El módulo GRE ayuda a Gestionar el Riesgo Empresarial a partir del diseño y modelado del Registro de Riesgos. Los resultados se presentan en Cuadros de Mando de Riesgo y se puede segmentar por: geografía, operaciones, productos, actividades y departamentos. Se puede agregar detalles adicionales como eventos de riesgo, compromisos y diagramas de riesgo. También se puede realizar análisis estadístico sobre los controles de riesgo, pronósticos y mitigación. El análisis de sensibilidad dinámico y la Simulación de Monte Carlo también se puede aplicar a varios niveles de riesgo, tanto diversificable como no diversificable y a cada nivel de costo.

ERM   Analítica Aplicadas   Simulación de Riesgo   Centro de Conocimiento

Configuración Riesgo   Registro Riesgo   Tablero Riesgo   Eventos de Riesgo   Riesgo Engagement   Diagramas Riesgo   Controles Riesgo   Pronósticos Riesgo   Mitigación Riesgo

Compromiso Previo   Evaluación de Compromiso   Lecciones Aprendidas   Registro de Riesgos Personalizados

Nombre del Proyecto: Desarrollo de viviendas residenciales

Nombre: Jacklyn Turner

ID Proyecto: RH-613356

Notas: El desarrollo de 2500 unidades residenciales en las afueras de Leicester, Londres, finalizó en 2013

Actualizado: 10/28/2019

Categorías Personalizadas: ☐ ajuste automát

Mostrar: 20 ⬍ filas   Copiar   Reporte   Mostrar: 3 ⬍ texto   Nuevo

Guardar como   Guardar   Editar   Eliminar

Engagement
Jacklyn Turner

ARTÍCULO / PILAR	PROBLEMAS DE RIESGO, EVENTOS, PRE...	DETALLES DE IMPACTO POTENCIALES	¿PERTINENT...	CRITERIO RIE...			ACCIONES PROPUESTAS
				L	I	KRI	
Desarrollo del Negocio	Aumento de competidores fuertes en el área.	Impactos de precios agresivos y reducción de nuestra oportunidad de una estrategia financiera viable	Sí	3	5	15	
Trabajo técnico	Conocimiento técnico insuficiente	Es necesario contratar tres dibujantes técnicos adicionales para determinar las especificaciones finales (RFP Items	Sí	3	2	6	

Gráfico 2.23: Intervención de Riesgo: Evaluación de la Intervención

Bienvenido a ROV Project Economics Analysis Tool (PEAT). El módulo GRE ayuda a Gestionar el Riesgo Empresarial a partir del diseño y modelado del Registro de Riesgos. Los resultados se presentan en Cuadros de Mando de Riesgo y se puede segmentar por: geografía, operaciones, productos, actividades y departamentos. Se puede agregar detalles adicionales como eventos de riesgo, compromisos y diagramas de riesgo. También se puede realizar análisis estadístico sobre los controles de riesgo, pronósticos y mitigación. El análisis dinámico y la Simulación de Monte Carlo también se puede aplicar a varios niveles de riesgo, tanto diversificable como no diversificable y a cada nivel de costo.

ERM Analítica Aplicadas Simulación de Riesgo Centro de Conocimiento

Configuración Riesgo Registro Riesgo Tablero Riesgo Eventos de Riesgo Riesgo Engagement Diagramas Riesgo Controles Riesgo Pronósticos Riesgo Mitigación Riesgo

Compromiso Previo Evaluación de Compromiso Lecciones Aprendidas Registro de Riesgos Personalizados

Nombre del Proyecto: Desarrollo de viviendas residenciales

Nombre: Jacklyn Turner   Engagement

ID Proyecto: RH-613356

Notas: El desarrollo de 2500 unidades residenciales en las afueras de Leicester, Londres, finalizó en 2013   Jacklyn Turner

Actualizado: 10/28/2019

Categorías Personalizadas ☐ ajuste automát Mostrar: [20] filas

Copiar Reporte

Mostrar: [3] texto filas   Nueva

Guardar como
Guardar
Editar
Eliminar

ARTÍCULO / PILAR	CATEGORIAS	EVENTO / PROBLEMA ...	CAUSA / DETALLES	IMPACTO (FACTORES ...	ACCIONES TOMADAS ...	IMPACTO DEL RIESGO	NOTAS
Gestión de proyecto	Se requiere personal técnico	Se necesita gerentes de proyecto que sean más técnicos o tengan	Schedule overruns was in part due to bad project management	Costos y presupuestos excesivos que ocasionan pérdidas	Contratar y capacitar mejores PMs	Operaciones y PM	
Análisis de costo	Se requiere análisis de costos	Los cálculos de costos son estimaciones de alto nivel y eran muy	Cost overruns was in part due to bad forecasting of costs	Costos y presupuestos excesivos que ocasionan pérdidas	Se requiere simulación de riesgos con modelos de riesgo de costos de	PM y Análisis de Costos	
Modelamiento del cronograma	Supervisión de la alta dirección	Cronograma de la oferta era demasiado optimista	Schedule overruns was in part due to bad project management	Costos y presupuestos excesivos que ocasionan pérdidas		PM y Análisis de Costos	
Modelamiento del cronograma	Se requiere capacitación técnica	Cálculos del cronograma son estimaciones de alto	Schedule delays were in part due to bad forecasting of time to	Costos y presupuestos excesivos que ocasionan pérdidas	Se requiere simulación de riesgos con modelos de riesgo de costos de	PM y Análisis de Costos	

Gráfico 2.24: Intervención de Riesgo: Lecciones Aprendidas

Archivo Editar Idioma (Language) Decimales Ayuda

Bienvenido a ROV Project Economics Analysis Tool (PEAT). El módulo GRE ayuda a Gestionar el Riesgo Empresarial a partir del diseño y modelado del Registro de Riesgos. Los resultados se presentan en Cuadros de Mando de Riesgo y se puede segmentar por: geografía, operaciones, productos, actividades y departamentos. Se puede agregar detalles adicionales como eventos de riesgo, compromisos y diagramas de riesgo. También se puede realizar análisis estadístico sobre los controles de riesgo, pronósticos y mitigación. El análisis de sensibilidad dinámico y la Simulación de Monte Carlo también se puede aplicar a varios niveles de riesgo, tanto diversificable como no diversificable y a cada nivel de costo.

ERM   Analítica Aplicadas Simulación de Riesgo Centro de Conocimiento

Configuración Riesgo Registro Riesgo Tablero Riesgo Eventos de Riesgo Riesgo Engagement Diagramas Riesgo Controles Riesgo Pronósticos Riesgo Mitigación Riesgo

Compromiso Previo Evaluación de Compromiso Lecciones Aprendidas Registro de Riesgos Personalizados

Nombre del Proyecto: Informe para CEO (Elementos combinados)   Nombre: Jack Reacher   Guardar como   Engagement
ID Proyecto: 14255-54A   Notas: Guardar   Jack Reacher
Actualizado: 10/23/2019

Categorías Personalizadas: ☐ ajuste automát   Mostrar: 20 ⟳ filas   Copiar   Reporte   Mostrar: 3 ⟳ texto filas

Copiar   Reporte   Nuevo ∧ ∨   Editar
                                               Eliminar

Identificación	ARTÍCULO D...	CATEGORÍA	DIV	RAZÓN	CONSECUENCIA	MITIGACIÓN	Custom 1	Custom 2	Custom 3
0001	Reelabor...	Competencia	EEUU	El cliente sigue cambiando las especificaciones	El reprocesamiento, el desplazamiento del alcance y los requisitos	El contrato debe especificar la fecha límite para la			
0003	Sobrecos...	Costo	EEUU	Falta de materias primas y retrasos en los proveedores.	Tiempo de espera adicional requerido	Obtenga múltiples proveedores y firme contratos con ellos a			
0011	Reelabor...	Cliente	Europa	El cliente sigue cambiando las especificaciones	El reprocesamiento, el desplazamiento del alcance y los requisitos	El contrato debe especificar la fecha límite para la			

Gráfico 2.25: Intervención de Riesgo: Registro de Riesgos Personalizado

REDUCIR LA BRECHA ENTRE LA GESTIÓN CUALITATIVA Y LA GESTIÓN CUANTITATIVA DE RIEGOS

Históricamente, ERM ha sido una técnica de gestión cualitativa de riesgos. Sin embargo, en este capítulo, se han aplicado e interpuesto los métodos de Gestión Integrada de Riesgos (IRM), al proceso tradicional de ERM. Por ejemplo, las medidas de Probabilidad e Impacto, los Niveles Totales de Riesgo, los Niveles de Riesgo Residual, y los Costos de Mitigación, son todos valores numéricos. Estas variables son aplicables a cada Elemento de Riesgo en el Registro de Riegos y los Riesgos son Mapeados a lo largo de varios Segmentos de Riesgos en la organización. Al hacer esto, ahora podemos aplicar analítica cuantitativa de riesgos IRM a estos valores tales como al análisis de Tornado, las simulaciones de riesgo de Monte Carlo, el análisis de escenarios, los mapas de calor, y otras analíticas. Para obtener más detalles, le sugerimos ver el libro del Dr. Johnathan Mun, titulado *Modeling Risk* [Modelando Riesgos], Tercera Edición (Thomson-Shore). El libro ahonda en estas analíticas cuantitativas que van más allá del alcance del presente texto.

Analítica Aplicada: Análisis Estático de Tornado

La sección de **Tornado Estático** ayuda a identificar los factores críticos de éxito o cuál es el elemento de riesgo que más contribuye al resultado del perfil de riesgos de la compañía (o segmento de riesgo) al perturbar estadísticamente cada uno de los niveles de riesgo financiero del elemento de riesgo (Gráfico 2.26).

Analítica Aplicada: Análisis de Escenarios

La sección del **Análisis de Escenarios** contribuye a crear múltiples escenarios de riesgo sobre sus cantidades de riesgos actuales o totales de los elementos de riesgo individuales con el fin de determinar el impacto en el perfil de riesgos corporativos y para crear mapas de calor de los escenarios. El Gráfico 2.27 muestra las configuraciones de los escenarios y el Gráfico 2.28 exhibe los resultados de los escenarios.

Simulaciones de Riesgo

El sistema PEAT ERM también permite crear las **Simulaciones de Riesgo** del Registro de Riesgos de los supuestos de entrada del elemento del registro de riesgos del usuario por medio de rangos (p.ej., mínimo, más probable, máximo, promedio, desviación estándar, ubicación, escala, rango, percentiles) y devuelve las distribuciones probabilísticas de los elementos de riesgo individuales o riesgos consolidados por categorías (las métricas de resultados incluyen el conteo de los elementos de riesgo, la suma de KRI, suma y conteo de los elementos del registro de riesgos dentro de una categoría de riesgos, el total de dólares en riesgo, el costo total de mitigación de riesgos, etc.). Estas distribuciones de probabilidad se generan automáticamente con base en las entradas de riesgo residuales y totales del usuario y se pueden modificar y actualizar tal como lo requiere la sección de **Configurar Supuestos de Entrada** (Gráfico 2.29). Los **Resultados de la Simulación** muestran las estadísticas y la distribución de la simulación del resultado (Gráfico 2.30). El análisis adicional como el **Traslapo de Resultados** (Gráfico 2.31), el **Análisis de Alternativas** (Gráfico 2.32), y las **Sensibilidades Dinámicas al Riesgo** (Gráfico 2.33), también están disponibles.

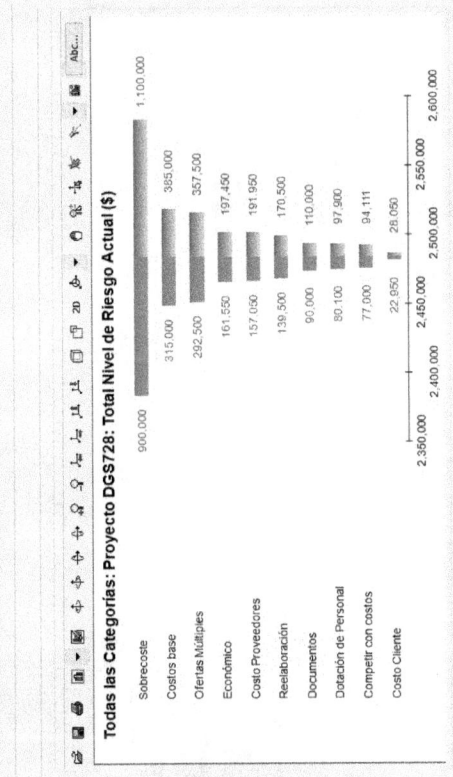

Gráfico 2.26: Análisis de Tornado de los Elementos del Registro de Riesgo de ERM

Bienvenido a ROV Project Economics Analysis Tool (PEAT). El módulo GRE ayuda a Gestionar el Riesgo Empresarial a partir del diseño y modelado del Registro de Riesgos. Los resultados se presentan en Cuadros de Mando de Riesgo y se puede segmentar por: geografía, operaciones, productos, actividades y departamentos. Se puede agregar detalles adicionales como eventos de riesgo, compromisos y diagramas de riesgo. También se puede realizar análisis estadístico sobre los controles de riesgo, pronósticos y mitigación. El análisis de sensibilidad dinámico y la Simulación de Monte Carlo también se puede aplicar a varios niveles de riesgo, tanto diversificable como no diversificable como a cada nivel de costo.

ERM   Analítica Aplicadas   Simulación de Riesgo   Centro de Conocimiento

Tornado Estático   Análisis de Escenarios

1. Configuración de Escenarios 2. Tabla de Resultados de Escenarios ("Sweetspots")

El Análisis de Escenarios ayuda a identificar los sweetspots y hotspots en función de diferentes entradas. Seleccionar la Opción y la Variable de Salida que usted desea analizar y de la lista de variables de entrada, seleccione un máximo de DOS variables para cambiar (seleccione la opción e ingrese Desde, Hasta, Tamaño del Paso). Usted puede agregar un código de colores para identificar sweetspots y hotspots potenciales y guardar la configuración del escenario para futuras corridas.

Por favor tenga en cuenta que el Análisis de Escenarios solo ejecuta los elementos del Registro de Riesgo Actual o activo. Para ejecutar el Análisis de Escenarios en otro Registro de Riesgo guardado, por favor regrese a ERM | Registro de Riesgo y abrir o editar otro Registro de Riesgo guardado.

OPCIONAL: Código de Color "sweetspots" y "hotspots".

Color de celda	Si el valor es	menor que	2,300,000.00
Color de celda	Si el valor es	entre	2,300,000.00 & 2,800,000.00
Color de celda	Si el valor es	entre	2,800,000.00 & 3,000,000.00
Color de celda	Si el valor es	mayor que	3,000,000.00
Color de celda	Si el valor es		

Seleccione la Opción y la Variable de Salida:

Total Nivel de Riesgo Actual ($) ∨ Todas las Categorías ∨   2,484,055.00

Elemento	Valor Original	Desde	Hasta	Tamaño del P...
Reelaboración	155,000.00			
Ofertas Múltiples	325,000.00			
Sobrecoste	1,000,000.00	800,000.00	1,600,000.00	50,000.00
Costos base	350,000.00			
Dotación de Personal	89,000.00			
Competir con costos	85,555.00			
Costo Proveedores	174,500.00			
Costo Cliente	25,500.00			
Documentos	100,000.00			
Económico	179,500.00	100,000.00	290,000.00	10,000.00

GUARDAR:

Nombre:

Notas:

Guardar Como...

Riesgo Total (Desbordamiento)

Nombre
Riesgo Total (Desbordamiento)
Riesgo Total (Recursos Humanos)

Editar

Guardar

Borrar

< >

Gráfico 2.27: Configuración de Escenarios de Riesgo

Archivo   Editar   Idioma (Language)   Decimales   Ayuda

Bienvenido a ROV Project Economics Analysis Tool (PEAT). El módulo GRE ayuda a Gestionar el Riesgo Empresarial a partir del diseño y modelado del Registro de Riesgos. Los resultados se presentan en Cuadros de Mando de Riesgo y se puede segmentar por: geografía, operaciones, productos, actividades y departamentos. Se puede agregar detalles adicionales como eventos de riesgo, compromisos y diagramas de riesgo. También se puede realizar análisis estadístico sobre los controles de riesgo, pronósticos y mitigación. El análisis de sensibilidad dinámico y la Simulación de Monte Carlo también se puede aplicar a varios niveles de riesgo, tanto diversificable como no diversificable y a cada nivel de costo.

ERM   Analítica Aplicadas   Simulación de Riesgo   Centro de Conocimiento

Tornado Estático   Análisis de Escenarios

1. Configuración de Escenarios   2. Tabla de Resultados de Escenarios ("Sweetspots")

Seleccionar uno de los escenarios guardados para correr la tabla de escenarios. En el caso de que usted haga cambios en las entradas y configuraciones, recuerde hacer clic en Actualizar para refrescar manualmente la tabla de escenarios.

Seleccionar el Escenario Guardado para Calcular: ⌄   Riesgo Total (Desbordamiento)

Mostrar resultados con [0 ▲▼] decimales   La Tabla de Escenario es para: Sobrecoste   Todas las Categorias

NOTA: La variable Fila (horizontal) es ...   y la variable Columna (vertical) es ... Economico

Actualizar   Ver Cuadrícula

	100,000	110,000	120,000	130,000	140,000	150,000	160,000	170,000	180,000	190,000	200,000	210,000	220,000	230,000	240,000	250,000	260,000	270,00
800,000	2,204,555	2,214,555	2,224,555	2,234,555	2,244,555	2,254,555	2,264,555	2,274,555	2,284,555	2,294,555	2,304,555	2,314,555	2,324,555	2,334,555	2,344,555	2,354,555	2,364,555	2,374,5!
850,000	2,254,555	2,264,555	2,274,555	2,284,555	2,294,555	2,304,555	2,314,555	2,324,555	2,334,555	2,344,555	2,354,555	2,364,555	2,374,555	2,384,555	2,394,555	2,404,555	2,414,555	2,424,5!
900,000	2,304,555	2,314,555	2,324,555	2,334,555	2,344,555	2,354,555	2,364,555	2,374,555	2,384,555	2,394,555	2,404,555	2,414,555	2,424,555	2,434,555	2,444,555	2,454,555	2,464,555	2,474,5!
950,000	2,354,555	2,364,555	2,374,555	2,384,555	2,394,555	2,404,555	2,414,555	2,424,555	2,434,555	2,444,555	2,454,555	2,464,555	2,474,555	2,484,555	2,494,555	2,504,555	2,514,555	2,524,5!
1,000,000	2,404,555	2,414,555	2,424,555	2,434,555	2,444,555	2,454,555	2,464,555	2,474,555	2,484,555	2,494,555	2,504,555	2,514,555	2,524,555	2,534,555	2,544,555	2,554,555	2,564,555	2,574,5!
1,050,000	2,454,555	2,464,555	2,474,555	2,484,555	2,494,555	2,504,555	2,514,555	2,524,555	2,534,555	2,544,555	2,554,555	2,564,555	2,574,555	2,584,555	2,594,555	2,604,555	2,614,555	2,624,5!
1,100,000	2,504,555	2,514,555	2,524,555	2,534,555	2,544,555	2,554,555	2,564,555	2,574,555	2,584,555	2,594,555	2,604,555	2,614,555	2,624,555	2,634,555	2,644,555	2,654,555	2,664,555	2,674,5!
1,150,000	2,554,555	2,564,555	2,574,555	2,584,555	2,594,555	2,604,555	2,614,555	2,624,555	2,634,555	2,644,555	2,654,555	2,664,555	2,674,555	2,684,555	2,694,555	2,704,555	2,714,555	2,724,5!
1,200,000	2,604,555	2,614,555	2,624,555	2,634,555	2,644,555	2,654,555	2,664,555	2,674,555	2,684,555	2,694,555	2,704,555	2,714,555	2,724,555	2,734,555	2,744,555	2,754,555	2,764,555	2,774,5!
1,250,000	2,654,555	2,664,555	2,674,555	2,684,555	2,694,555	2,704,555	2,714,555	2,724,555	2,734,555	2,744,555	2,754,555	2,764,555	2,774,555	2,784,555	2,794,555	2,804,555	2,814,555	2,824,5!
1,300,000	2,704,555	2,714,555	2,724,555	2,734,555	2,744,555	2,754,555	2,764,555	2,774,555	2,784,555	2,794,555	2,804,555	2,814,555	2,824,555	2,834,555	2,844,555	2,854,555	2,864,555	2,874,5!
1,350,000	2,754,555	2,764,555	2,774,555	2,784,555	2,794,555	2,804,555	2,814,555	2,824,555	2,834,555	2,844,555	2,854,555	2,864,555	2,874,555	2,884,555	2,894,555	2,904,555	2,914,555	2,924,5!
1,400,000	2,804,555	2,814,555	2,824,555	2,834,555	2,844,555	2,854,555	2,864,555	2,874,555	2,884,555	2,894,555	2,904,555	2,914,555	2,924,555	2,934,555	2,944,555	2,954,555	2,964,555	2,974,5!
1,450,000	2,854,555	2,864,555	2,874,555	2,884,555	2,894,555	2,904,555	2,914,555	2,924,555	2,934,555	2,944,555	2,954,555	2,964,555	2,974,555	2,984,555	2,994,555	3,004,555	3,014,555	3,024,5!
1,500,000	2,904,555	2,914,555	2,924,555	2,934,555	2,944,555	2,954,555	2,964,555	2,974,555	2,984,555	2,994,555	3,004,555	3,014,555	3,024,555	3,034,555	3,044,555	3,054,555	3,064,555	3,074,5!
1,550,000	2,954,555	2,964,555	2,974,555	2,984,555	2,994,555	3,004,555	3,014,555	3,024,555	3,034,555	3,044,555	3,054,555	3,064,555	3,074,555	3,084,555	3,094,555	3,104,555	3,114,555	3,124,5!
1,600,000																		

Gráfico 2.28: Escenarios de Riesgos

EXAMPLE I – ROV PROJECT ECONOMICS ANALYSIS TOOL

Archivo   Editar   Idioma (Language)   Decimales   Ayuda

Bienvenido a ROV Project Economics Analysis Tool (PEAT). El módulo GRE ayuda a Gestionar el Riesgo Empresarial a partir del diseño y modelado del Registro de Riesgos. Los resultados se presentan en Cuadros de Mando de Riesgo y se puede segmentar por: geografía, operaciones, productos, actividades y departamentos. Se puede agregar detalles adicionales como eventos de riesgo, compromisos y diagramas de riesgo. También se puede realizar análisis estadístico sobre los controles de riesgo, pronósticos y mitigación. El análisis de sensibilidad dinámico y la Simulación de Monte Carlo también se puede aplicar a varios niveles de riesgo, tanto diversificable como no diversificable y a cada nivel de costo.

ERM   Analítica Aplicadas   Simulación de Riesgo   Centro de Conocimiento

Ajustar Supuestos de Entrada   Resultados de Simulación   Superposición de Resultados   Análisis de Alternativas   Sensibilidad Dinámica

Seleccione la Opción a simular y escoja los supuestos de entrada de distribución más relevantes. Entonces, corra la simulación y revise los resultados.

Paso 1: Escoja una Opción para establecer Supuestos de Entrada.   Paso 2: Clic sobre el ícono de distribución para establecer sus supuestos de simulación. Usted puede habilitar o deshabilitar un supuesto usando la checkbox.

Nombre
Proyecto DGS728
Presentación del CEO
Proyecto MNS5528

Variable	Punto Único	Configuraciones	Información de Parámetro
Reelaboración: Nivel de Riesgo Actual	155,000.00		Triangular	Mínimo: 125000.0000; Más Probable: 1...
Reelaboración: Nivel de Riesgo Residual	65,000.00		Triangular	Mínimo: 55000.0000; Más Probable: 65...
Reelaboración:			able: 700...
Ofertas Múltiple			able: 3...
Ofertas Múltiple			able: 1...
Ofertas Múltiple			able: 75...
Sobrecoste: Niv			able: 1...
Sobrecoste: Niv			able: 5...
Sobrecoste: Co			able: 50...
Costos base: Co			able: 3...
Costos base: Niv			able: 1...
Costos base: Co			able: 35...
Dotación de Per			able: 89...
Dotación de Per			able: 29...
Dotación de Per			able: 250...
Competir con c			able: 85...
Competir con c			able: 35...
Competir con c			able: 650...
Costo Proveedo			able: 1...
Costo Proveedo			able: 69...

Opciones Simulación

Paso 3: Correr Simulación.
All Risk Registers with simulation assumptions will be simulated simultaneously.

Ensayos de la Simulación   1,000
☐ Aplicar Valor Semilla   123

Correlaciones...

Correr Simulación

Paso 4: Guardar/Editar Modelos de Simulación
Nombre: Simulación del proyecto DGS728

Modelo
Simulación del proyecto DGS728

Nuevo
Guardar como
Editar
Guardar
Borrar

Propiedades del Supuesto

Triangular   Normal   Uniforme

Arcseno   Bernoulli   Beta

Beta 3   Beta 4   Binomial

Cauchy   Chi-Cuadrado   Coseno

Mínimo   125,000.0000
Más Probable   155,000.0000
Máximo   175,000.0000

OK   Cancelar

Eliminar Supuesto

Distribución Triangular
La Distribución Triangular describe una situación donde usted conoce los valores mínimos, máximos y los que con mayor probabilidad pueden suceder. Por ejemplo, usted podría describir el número de carros vendidos por semana cuando las ventas anteriores muestran el número mínimo, máximo y el número habitual o más probable de carros vendidos. El número mínimo de artículos es fijo, el número máximo de carros es fijo, y el número de mayor probabilidad de artículos o carros para este caso, se ubica entre los

Gráfico 2.29: Supuestos de la Simulación de Riesgos

Archivo   Editar   Idioma (Language)   Decimales   Ayuda

Bienvenido a ROV Project Economics Analysis Tool (PEAT). El módulo GRE ayuda a Gestionar el Riesgo Empresarial a partir del diseño y modelado del Registro de Riesgos. Los resultados se presentan en Cuadros de Mando de Riesgo y se puede segmentar por: geografía, operaciones, productos, actividades y departamentos. Se puede agregar detalles adicionales como eventos de riesgo, compromisos y diagramas de riesgo. También se puede realizar análisis estadístico sobre los controles de riesgo, pronósticos y mitigación. El análisis de sensibilidad dinámico y la Simulación de Monte Carlo también se puede aplicar a varios niveles de riesgo, tanto diversificable como no diversificable y a cada nivel de costo.

ERM   Analítica Aplicadas   Simulación de Riesgo   Centro de Conocimiento

Ajustar Supuestos de Entrada   Resultados de Simulación   Superposición de Resultados   Análisis de Alternativas   Sensibilidad Dinámica

Seleccionar la Opción y la Variable de Salida para ver los resultados:

Proyecto DGS728: División:: EEUU: Total Current Risk

Bar Tipo: Bar   Bar Color   Línea Índice: =A =A A↑ A↓   Ver Datos   Propiedades Personalizadas

Proyecto DGS728: División:: EEUU: Total Current Risk

Estadísticas/Percentil	Valor
Ensayos	1,000
Media	2,599,337.3437
Mediana	2,600,918.2736
DesvEstandar	227,593.8827
CV	8.7558%
Sesgo	0.0478
Curtosis	-0.4484
Mínimo	1,986,897.1633
Máximo	3,255,588.0648
Rango	1,268,690.9015
0%	1,986,897.1633
5%	2,226,754.0999
10%	2,289,722.3441
20%	2,396,116.0770
30%	2,474,027.2287
40%	2,538,790.3773
50%	2,600,918.2736

Frecuencia

1.986,897.16   2,240,635.34   2,494,373.52   2,748,111.70   3,001,849.88   3,255,588.06

Dos Colas: 5% em 2,233,081.02 e 95% em 2,950,890.93

Nombre: Riesgo diversificable de Europa 90% Confianza

Nuevo   Modelo
Guardar como   Riesgo diversificable de Europa 90% Confia...
Editar   Riesgo residual de EEUU Percentil 95
Guardar   Costo medio de mitigación en Croydon
Eliminar

Mostrar líneas verticales en: Histograma PDF   Actualizar   Cálcular y Mostrar líneas en: Dos Colas   4 ⇕ Decimales

Percentiles %:   Percentiles: 5.00 %   95.00 %   Al guardar, incluir los datos y los resultados simulados (esto puede resultar en más lenta respuesta y archivos de mayor tamaño)
Valores de Certeza: Confianza: 2,226,754.10   2,968,639.41

☑ Mostrar info.   Copiar Tabla   Mostrar Cuadrícula   ☑ Mostrar info.   ExtraerDatos de Simulación   Abrir   Guardar

Gráfico 2.30: Resultados de la Simulación de Riesgos

Archivo Editar Idioma (Language) Decimales Ayuda

Bienvenido a ROV Project Economics Analysis Tool (PEAT). El módulo GRE ayuda a Gestionar el Riesgo Empresarial a partir del diseño y modelado del Registro de Riesgos. Los resultados se presentan en Cuadros de Mando de Riesgo y se puede segmentar por: geografía, operaciones, productos, actividades y departamentos. Se puede agregar detalles adicionales como eventos de riesgo, compromisos y diagramas de riesgo. También se puede realizar análisis estadístico sobre los controles de riesgo, pronósticos y mitigación. El análisis de sensibilidad dinámico y la Simulación de Monte Carlo también se puede aplicar a varios niveles de riesgo, tanto diversificable como no diversificable y a cada nivel de costo.

ERM   Analítica Aplicadas   Simulación de Riesgo   Centro de Conocimiento

Ajustar Supuestos de Entrada   Resultados de Simulación   Superposición de Resultados   Análisis de Alternativas   Sensibilidad Dinámica

Seleccione varias Opciones y Variables de Salida para ver juntos los gráficos de los resultados probabilísticos simulados .

Copiar Tabla

Nombre

- ☑ Proyecto DGS728: División:: EEUU: Total Niv...
- ☑ Proyecto DGS728: División:: EEUU: Total Niv...
- ☑ Proyecto DGS728: División:: EEUU: Total Co...
- ☐ Proyecto DGS728: División:: EEUU: Total Cur...
- ☐ Proyecto DGS728: División:: Europa: Total N...
- ☐ Proyecto DGS728: División:: Europa: Total N...
- ☐ Proyecto DGS728: División:: Europa: Total C...
- ☐ Proyecto DGS728: División:: Europa: Total C...
- ☐ Proyecto DGS728: División:: MO: Total Nivel ...
- ☐ Proyecto DGS728: División:: MO: Total Nivel ...
- ☐ Proyecto DGS728: División:: MO: Total Cost...
- ☐ Proyecto DGS728: División:: MO: Total Cur...

Superposición Curva PDF

Seleccione Curva S:

Percentiles %:

Valores de Certeza:

Actualizar   Mostrar Cuadrícula

Nombre:

Nuevo

Guardar como

Editar

Guardar

Eliminar

Modelo
Perfil de riesgo de EE. UU.
Comparación Europa-EEUU-ME

1   ∨   S-Curve Color   Línea Índice: ⁺A ⁻A A↑ A↓   Propiedades Personalizadas

Ver Datos

PDF Curve Overlay

— Proyecto DGS728: División:: EEUU: Total Nivel de Riesgo Actual ($)
— Proyecto DGS728: División:: EEUU: Total Nivel de Riesgo Residual ($)
— Proyecto DGS728: División:: EEUU: Total Costo de Mitigación ($)

Frequency

120	
100	
80	
60	
40	
20	
0	

0   500,000   1,000,000   1,500,000   2,000,000   2,500,000   3,000,000

Proyecto DGS728: División:: EEUU: Total Nivel de Riesgo Actual ($) and Proyecto DGS728: División:: EEUU: Total Nivel de Riesgo Residual ($) Overlap 0.03%
Proyecto DGS728: División:: EEUU: Total Nivel de Riesgo Actual ($) and Proyecto DGS728: División:: EEUU: Total Costo de Mitigación ($) Overlap 0.00%
Proyecto DGS728: División:: EEUU: Total Nivel de Riesgo Residual ($) and Proyecto DGS728: División:: EEUU: Total Costo de Mitigación ($) Overlap 0.00%

Gráfico 2.31: Comparación en la Superposición de la Simulación de Riesgos

Archivo Editar Idioma (Language) Decimales Ayuda

Bienvenido a ROV Project Economics Analysis Tool (PEAT). El módulo GRE ayuda a Gestionar el Riesgo Empresarial a partir del diseño y modelado del Registro de Riesgos. Los resultados se presentan en Cuadros de Mando de Riesgo y se puede segmentar por: geografía, operaciones, productos, actividades y departamentos. Se puede agregar detalles adicionales como eventos de riesgo, compromisos y diagramas de riesgo. También se puede realizar análisis estadístico sobre los controles de riesgo, pronósticos y mitigación. El análisis de sensibilidad dinámico y la Simulación de Monte Carlo también se puede aplicar a varios niveles de riesgo, tanto diversificable como no diversificable y a cada nivel de costo.

ERM   Analítica Aplicadas   Simulación de Riesgo   Centro de Conocimiento

Ajustar Supuestos de Entrada   Resultados de Simulación   Resultados de Resultados   Superposición de Resultados   Análisis de Alternativas   Sensibilidad Dinámica

Usted puede comparar los resultados dinámicos simulados para todas sus opciones. La simulación debe ser corrida antes de que usted obtenga cualquier resultado. Elija si desea comparar todas las opciones de forma independiente (Análisis de Alternativas) o contra un caso base (Análisis Incremental).

ANÁLISIS DE ALTERNATIVAS Y ANÁLISIS INCREMENTAL DE CASO BASE

◉ Análisis de Alternativas (Sin Caso Base)   ○ Análisis Incremental (Escoja Caso Base)

Resultados   División:: EEUU

Total Nivel de Riesgo Actual ($)   2 ▲▼ Decimales

OPCIONES	Total Nivel de Riesgo Actual ($)	Total Nivel de Riesgo Residual ($)	Total Costo de Mitigación (
◉ Media	2,061,846.17	1,105,072.59	191,529.55
○ Mediana	2,070,038.18	1,099,658.95	191,655.21
○ DesvEstándar	214,658.47	166,101.83	13,461.56
○ Varianza	4.60E+010	2.76E+010	1.81E+008
○ CV	10.41%	15.03%	7.03%
○ Sesgo	0.0017	0.1954	-0.0332
○ Curtosis	-0.6573	-0.4826	-0.4335
○ Mínimo	1,561,813.62	730,346.84	151,779.46
○ Máximo	2,549,856.22	1,566,472.34	233,254.90
○ Rango	988,042.60	836,125.50	81,475.44
○ 0% Percentil	1,561,813.62	730,346.84	151,779.46
○ 5% Percentil	1,706,523.44	838,837.18	169,309.86
○ 10% Percentil	1,766,393.15	898,706.92	174,536.00
○ 20% Percentil	1,869,195.11	958,872.50	179,386.36
○ 30% Percentil	1,945,356.83	1,005,436.10	184,032.84
○ 40% Percentil	2,005,541.51	1,049,961.87	187,269.59
○ 50% Percentil	2,070,038.18	1,099,658.95	191,655.21
○ 60% Percentil	2,114,561.29	1,142,797.19	195,276.13
○ 70% Percentil	2,178,028.30	1,189,915.77	199,597.86
○ 80% Percentil	2,252,903.31	1,253,729.04	203,917.28
○ 90% Percentil	2,358,821.25	1,336,274.57	208,612.53
○ 95% Percentil	2,416,543.61	1,394,821.22	213,570.21
○ 100% Percentil	2,549,856.22	1,566,472.34	233,254.90

División:: EEUU (Options)

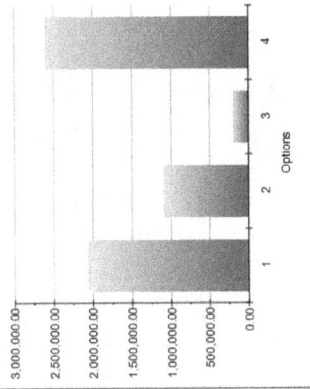

2D Barra   ☐ Ocultar valores cero   Copiar Tabla

Gráfico 2.32: Análisis de Riesgos de las Alternativas

Archivo   Editar   Idioma (Language)   Decimales   Ayuda

Bienvenido a ROV Project Economics Analysis Tool (PEAT). El módulo GRE ayuda a Gestionar el Riesgo Empresarial a partir del diseño y modelado del Registro de Riesgos. Los resultados se presentan en Cuadros de Mando de Riesgo y se puede segmentar por: geografía, operaciones, productos, actividades y departamentos. Se puede agregar detalles adicionales como eventos de riesgo, compromisos y diagramas de riesgo. También se puede realizar análisis estadístico sobre los controles de riesgo, pronósticos y mitigación. El análisis de sensibilidad dinámico y la Simulación de Monte Carlo también se puede aplicar a varios niveles de riesgo, tanto diversificable como no diversificable y a cada nivel de costo.

ERM   Analítica Aplicadas   Simulación de Riesgo   Centro de Conocimiento

Ajustar Supuestos de Entrada   Resultados de Simulación   Superposición de Resultados   Análisis de Alternativas   Sensibilidad Dinámica   La Simulación se ha completado.Tiempo Simulaciones: 59s.

La Sensibilidad Dinámica es corrida por la ejecución de un modelo de Simulación de Montecarlo con interacciones dinámicas e impactos sobre las variables de salida seleccionadas. Para empezar, asegúrese de que tiene la simulación ya corrida, luego escoja la Opción y la Variable de Salida que desea probar y seleccione Calcular para correr el análisis.

Seleccione la Opción y la Variable de Salida a correr: Simulation Model: Simulación del proyecto DGS728

Proyecto DGS728: División:: Europa: Total Nivel de Riesgo Residual ($)   Mostrar 15 ◆ Filas

Nombre: USA Mitigation Cost Sensitivity   Copiar Tablas

Proyecto DGS728: División:: Europa: Total Nivel de Riesgo Residual ($)
Rango de Correlación No Linear   Contribución a la Varianza

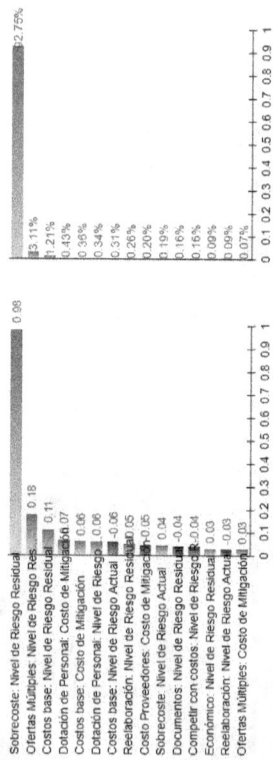

Sobrecoste: Nivel de Riesgo Residual	0.98	2.75%
Ofertas Multiples: Nivel de Riesgo Res	0.18	3.11%
Costos base: Nivel de Riesgo Residual	0.11	1.21%
Dotación de Personal: Costo de Mitigación	0.07	0.43%
Costos base: Costo de Mitigación	0.06	0.36%
Dotación de Personal: Nivel de Riesgo	0.06	0.34%
Costos base: Nivel de Riesgo Actual	-0.06	0.31%
Reelaboración: Nivel de Riesgo Residual	0.05	0.26%
Costo Proveedores: Costo de Mitigación	-0.05	0.20%
Sobrecoste: Nivel de Riesgo Actual	0.04	0.19%
Documentos: Nivel de Riesgo Residual	-0.04	0.16%
Competir con costos :Nivel de Riesgo	-0.04	0.16%
Económico: Nivel de Riesgo Residual	0.03	0.09%
Reelaboración: Nivel de Riesgo Actual	0.03	0.09%
Ofertas Multiples: Costo de Mitigación	0.03	0.07%

0 0.1 0.2 0.3 0.4 0.5 0.6 0.7 0.8 0.9 1   0 0.1 0.2 0.3 0.4 0.5 0.6 0.7 0.8 0.9 1

Modelo
Europe's Diversifiable Risk Sensitivity
USA Mitigation Cost Sensitivity

Nuevo
Guardar como
Editar
Guardar
Eliminar

Gráfico 2.33: Sensibilidad al Riesgo

3

DE CONFORMIDAD CON LOS ESTÁNDARES MUNDIALES: BASILEA, COSO, ISO, NIST Y SARBOX

Una organización que implemente los métodos ERM, debe por lo menos tener en cuenta su cumplimiento con los estándares mundiales aunque no exactamente para replicar a COSO (Comité de Organizaciones Patrocinadoras de la Comisión de Normas, con respecto a sus comités organizadores en AAA, AICPA, FEI, IMA, e IIA), si al menos, los Estándares Internacionales ISO 31000:2009, la Ley U.S. Sarbanes–Oxley, los requisitos de Basilea III/IV para los Riesgos Operacionales (desde el Comité de Basilea hasta el Banco de Pagos Internacionales), y NIST 800-37. Los paralelos y las aplicaciones de las metodologías de ROV replican de cerca, y en ciertos casos exceden, estos estándares regulatorios e internacionales.

Los Gráficos 3.1 – 3.10 ilustran algunos ejemplos de cumplimiento con ISO 31000:2009. Los Gráficos 3.11–3.20 ilustran el cumplimiento con los requerimientos de Basilea III y Basilea IV y los Gráficos 3.21 – 3.29 muestran el cumplimiento de los requisitos COSO. Estos gráficos y las listas de resumen que le siguen suponen que el lector ya está familiarizado con la metodología IRM que se emplea a lo largo de este libro.

- La metodología IRM que empleamos coincide con las Cláusulas 2.3 y 2.8 de ISO 31000:2009, que requieren un proceso de gestión de riesgos (Gráfico 3.1), así como con las Cláusula 5 (5.4.2 que requiere identificación de riesgos en donde utilizamos los análisis de Tornado y de Escenario; la 5.4.3 requiere análisis cuantitativo de riesgos en donde aplicamos las simulaciones de riesgos de Monte Carlo; la 5.4.4 donde se emplean modelos de evaluación existentes de Excel y se superponen con metodologías IRM, tales como las simulaciones, etc.).

- La Cláusula 5.4.4 de ISO 31000:2009 se fija en los niveles de tolerancia a los riesgos y compara varios niveles de riesgo en una optimización de portafolio y en el análisis de frontera eficiente que se emplea en nuestra metodología IRM. (Gráfico 3.2).

- El Gráfico 3.3 muestra las consecuencias cuantificadas y las probabilidades (probabilidades y niveles de confianza) de los eventos potenciales que pueden ocurrir utilizando simulaciones, según lo requieren las Cláusulas 2.1 y 5.4.3 de ISO 31000:2009 (Ver ejemplos acerca de las medidas de Probabilidad e Impacto en el Capítulo 2).

- La Cláusula 5.4.3 de ISO 31000:2009 requiere ver el análisis desde las perspectivas distintos *stakeholders*, múltiples consecuencias y múltiples objetivos para desarrollar un nivel combinado de riesgo. Estas perspectivas se logran por medio de la optimización de multi-criterios y el análisis de la frontera eficiente (Gráfico 3.4) en el proceso IRM.

- La Cláusula 3F de ISO 31000:2009 requiere el uso de los datos y la experiencia histórica así como también la retroalimentación y las observaciones de los *stakeholders* junto con el juicio de expertos para pronosticar los eventos de riesgo futuros. El proceso IRM utiliza una familia de 16 métodos de pronóstico (Gráfico 3.5 muestra un ejemplo del modelo

ARIMA) junto con las simulaciones de riesgo de alta fidelidad, para determinar la mejor bondad de ajuste cuando existen datos históricos. Si se utilizan las estimaciones de los expertos en la materia y los supuestos de los *stakeholders*, podemos aplicar el método Delphi y la distribución personalizada para correr las simulaciones de riesgo en los pronósticos.

- Las Cláusulas 3C, 5.4.3, 5.5, y 5.5.2 de ISO 31000:2009 requieren de las evaluaciones de riesgo en los tratamientos de riesgos, las opciones para ejecutar cuando se involucran distintos tipos de riesgos, y de la selección e implementación de varias opciones estratégicas para el tratamiento de riesgos que no sólo dependan de la economía. La metodología de opciones reales estratégicas del IRM le permite a los usuarios modelar múltiples estrategias de implementación independientes y dependientes de la ruta o planes de acción alternativos que se generan para mitigar los riesgos de impacto negativo y aprovechan los potenciales de impacto positivo (Gráfico 3.6).

- El Gráfico 3.7 ilustra la manera en que las Cláusulas 3D, 3E, y 5.4.3 de ISO 31000:2009 se cumplen utilizando el proceso IRM de ajuste de distribución de probabilidades de variables inciertas y cómo se ejecutan sus interdependencias (correlaciones).

- Se requieren los controles de riesgo en las Cláusulas 2.26, 4.43 y 5.4.3 (Gráfico 3.8) de ISO 31000:2009. Las tablas de control y los cálculos de la Eficacia de los Riesgos en PEAT ERM contribuyen para que los tomadores de decisiones identifiquen si una estrategia y respuesta de la mitigación de riesgos en particular que fue implementada había afectado suficiente y estadísticamente, los resultados de los estados de riesgo futuros.

- Los efectos de escenarios, graduales y acumulativos (consecuencias) también son el enfoque de la Cláusula 5.4.2 de ISO 31000:2009. El método IRM utiliza el análisis de tornado, el análisis de escenarios, el análisis de sensibilidad dinámica y las simulaciones de riesgo (Gráfico 3.9) para identificar cuál (es) entradas tienen el impacto más alto en los riesgos de la organización y para modelar sus impactos en los riesgos totales de la organización.

- La Cláusula 5.2 de ISO 31000:2009 requiere una comunicación adecuada de las exposiciones y consecuencias de los riesgos, y una comprensión de la base y las razones de cada riesgo. Los Tableros de Riesgo de PEAT ERM ofrecen los detalles y perspectivas para entender mejor los asuntos que rigen cada uno de los riesgos en una organización (Gráfico 3.10).

Proceso Integrado de Gestión de Riesgos

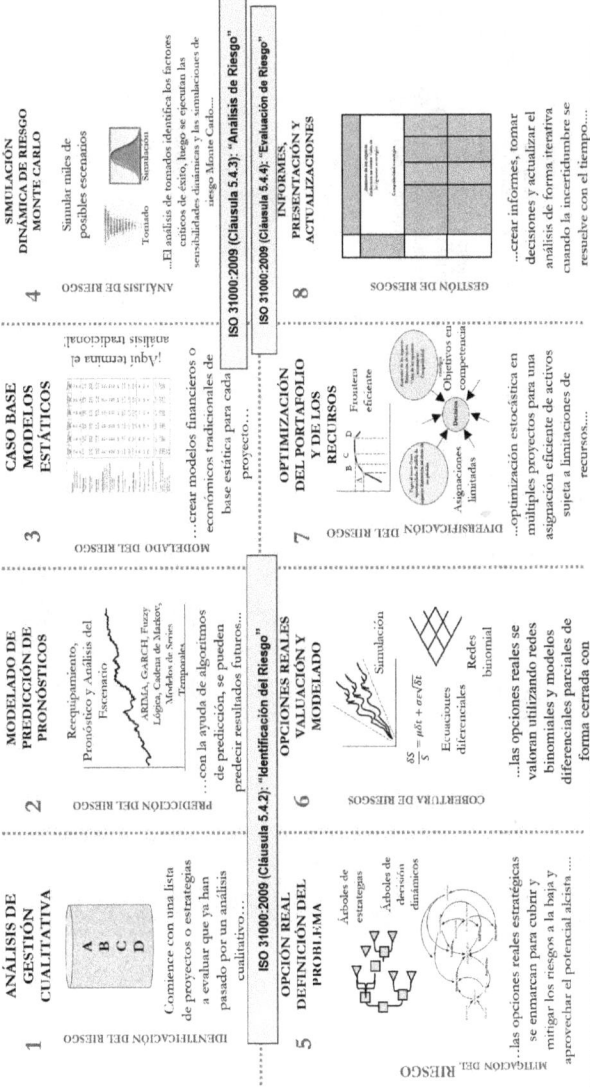

1 — IDENTIFICACIÓN DEL RIESGO

ANÁLISIS DE GESTIÓN CUALITATIVA

A
B
C
D

Comience con una lista de proyectos o estrategias a evaluar que ya han pasado por un análisis cualitativo…

2 — PREDICCIÓN DEL RIESGO

MODELADO DE PREDICCIÓN DE PRONÓSTICOS

Reequipamiento, Pronóstico y Análisis del Escenario

ARIMA, GARCH, Fuzzy Logic, Cadena de Markov, Modelos de Series Temporales

…con la ayuda de algoritmos de predicción, se pueden predecir resultados futuros…

3 — MODELADO DEL RIESGO

CASO BASE MODELOS ESTÁTICOS

¡Aquí termina el análisis tradicional!

…crear modelos financieros o económicos tradicionales de base estática para cada proyecto…

4 — ANÁLISIS DE RIESGO

SIMULACIÓN DINÁMICA DE RIESGO MONTE CARLO

Simular miles de posibles escenarios

Tornado, Simulación

…El análisis de tornados identifica los factores críticos de éxito, luego se ejecutan las sensibilidades dinámicas y las simulaciones de riesgo Monte Carlo…

5 — MITIGACIÓN DEL RIESGO

OPCIÓN REAL DEFINICIÓN DEL PROBLEMA

Árboles de estrategias
Árboles de decisión dinámicos

…las opciones reales estratégicas se enmarcan para cubrir y mitigar los riesgos a la baja y aprovechar el potencial alcista…

6 — COBERTURA DE RIESGOS

OPCIONES REALES VALUACIÓN Y MODELADO

Simulación

Ecuaciones diferenciales
Redes binomial

$$\frac{\delta S}{S} = \mu \delta t + \sigma \epsilon \sqrt{\delta t}$$

…las opciones reales se valoran utilizando redes binomiales y modelos diferenciales parciales de forma cerrada con simulación…

7 — DIVERSIFICACIÓN DEL RIESGO

OPTIMIZACIÓN DEL PORTAFOLIO Y DE LOS RECURSOS

Frontera eficiente
Objetivos en competencia
Asignaciones limitadas
Decisión

…optimización estocástica en múltiples proyectos para una asignación eficiente de activos sujeta a limitaciones de recursos…

8 — GESTIÓN DE RIESGOS

INFORMES, PRESENTACIÓN Y ACTUALIZACIONES

…crear informes, tomar decisiones y actualizar el análisis de forma iterativa cuando la incertidumbre se resuelve con el tiempo…

ISO 31000:2009 (Cláusula 5.2): "Identificación del Riesgo"

ISO 31000:2009 (Cláusula 5.4.3): "Análisis de Riesgo"

ISO 31000:2009 (Cláusula 5.4.4): "Evaluación de Riesgo"

ISO 31000:2009 (Cláusula 5.2): "" Comunicación y Consultas

ISO 31000:2009 (Cláusula 5.6): "Monitoreo y Revisión"

ISO 31000:2009 (Cláusula 5.5): "Tratamiento del Riesgo"

ISO 31000:2009 COMPLIANCE

Gráfico 3.1: ISO 31000:2009—IRM

El análisis de fronteras de inversión eficientes proporciona una variedad de escenarios presupuestarios al considerar las carteras de opciones

Budget	Comprehensive Score	Tactical Score	Military Score	Allowed Projects	ROI-RANK Objective
$3,800.00	33.15	62.64	58.58	10	$470,235.60
$4,800.00	36.33	68.85	66.86	11	$521,645.92
$5,800.00	38.40	70.46	75.69	12	$623,557.79
$6,800.00	39.94	72.14	82.31	13	$659,947.99
$7,800.00	39.76	70.05	86.54	14	$676,279.81

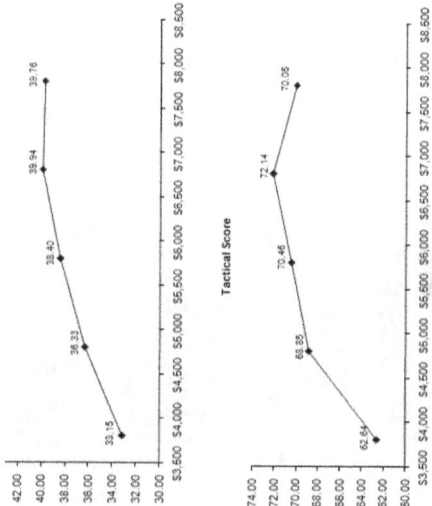

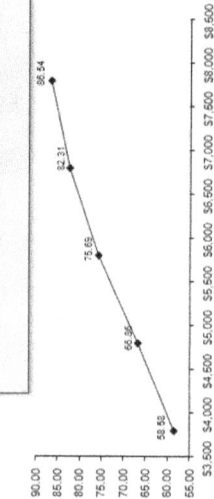

ISO 31000:2009 (Cláusula 5.4.4): "La evaluación del riesgo implica comparar el nivel de riesgo encontrado durante el proceso de análisis con los criterios de riesgo establecidos cuando se consideró el contexto. En base a esta comparación, se puede considerar la necesidad de tratamiento. Las decisiones deben tener en cuenta el contexto más amplio del riesgo y considerar la tolerancia del riesgo asumido por otras partes distintas a la organización que se beneficia del riesgo"

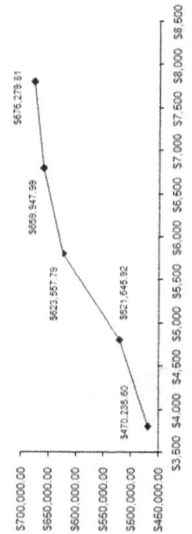

Gráfico 3.2: ISO 31000:2009—Tolerancia al Riesgo

La simulación de riesgos le proporciona datos adicionales al responsable de la toma de decisiones

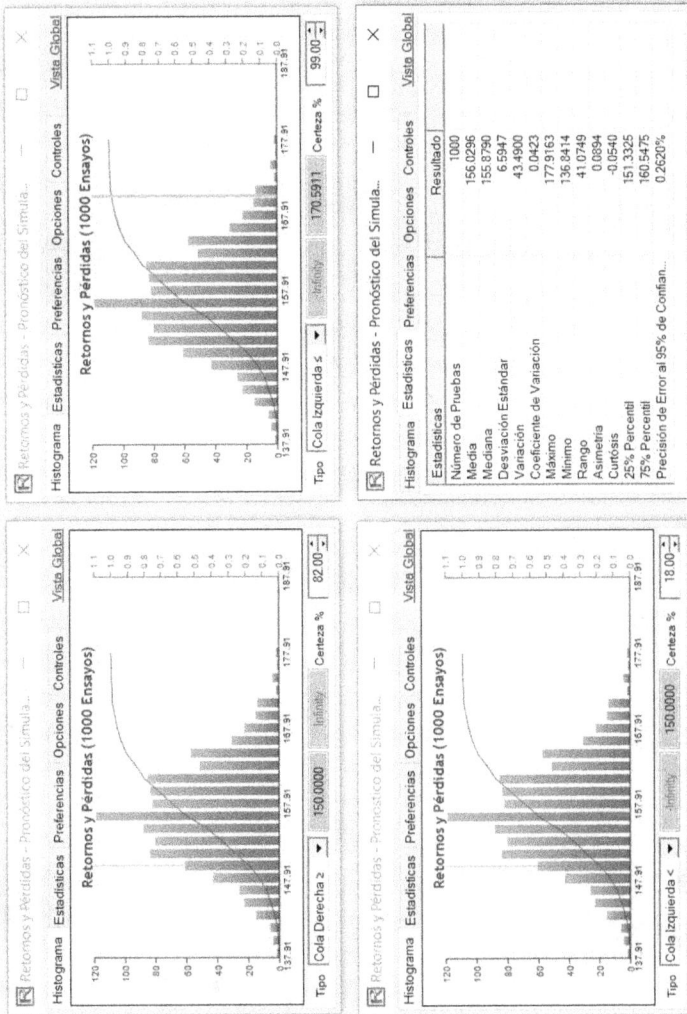

ISO 31000:2009 (Cláusula 5.4.3): "Se deben identificar los factores que afectan las **consecuencias y la probabilidad.** El riesgo se analiza determinando las consecuencias y su probabilidad, así como otros atributos del riesgo".

ISO 31000:2009 (Cláusula 2.1): "Por lo general el riesgo se caracteriza por la referencia a **acontecimientos potenciales** (2.17) y **consecuencias** (2.18), o por una combinación de ambos".

Gráfico 3.3: ISO 31000:2009—Consecuencias y Probabilidades

Optimal Portfolio Efficient Frontier

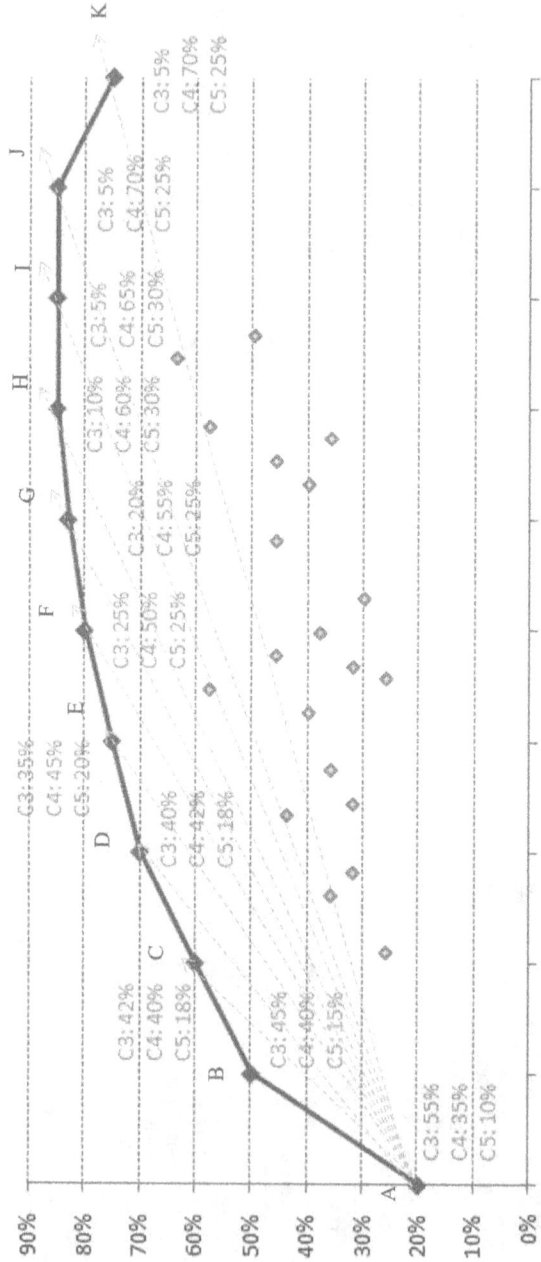

ISO 31000:2009 (Cláusula 5.4.3): "Un evento puede tener **múltiples consecuencias** y puede afectar a **múltiples objetivos.** La forma en que se expresan las consecuencias y la probabilidad y la forma en que se **combinan determinan un nivel de riesgo…**"

A
C3: 55%
C4: 35%
C5: 10%

B
C3: 45%
C4: 40%
C5: 15%

C
C3: 42%
C4: 40%
C5: 18%

D
C3: 40%
C4: 42%
C5: 18%

E
C3: 35%
C4: 45%
C5: 20%

F
C3: 25%
C4: 50%
C5: 25%

G
C3: 20%
C4: 55%
C5: 25%

H
C3: 10%
C4: 60%
C5: 30%

I
C3: 5%
C4: 65%
C5: 30%

J
C3: 5%
C4: 70%
C5: 25%

K
C3: 5%
C4: 70%
C5: 25%

$500,000 $600,000 $700,000 $800,000 $900,000 $1,000,000 $1,100,000 $1,200,000 $1,300,000 $1,400,000 $1,500,000

90% 80% 70% 60% 50% 40% 30% 20% 10% 0%

Gráfico 3.4: ISO 31000:2009—Objetivos y Consecuencias de Múltiples *Stakeholders*

VENTAS REALES VS. PRONÓSTICO ECONOMÉTRICO
Relación con los indicadores generales de la economía

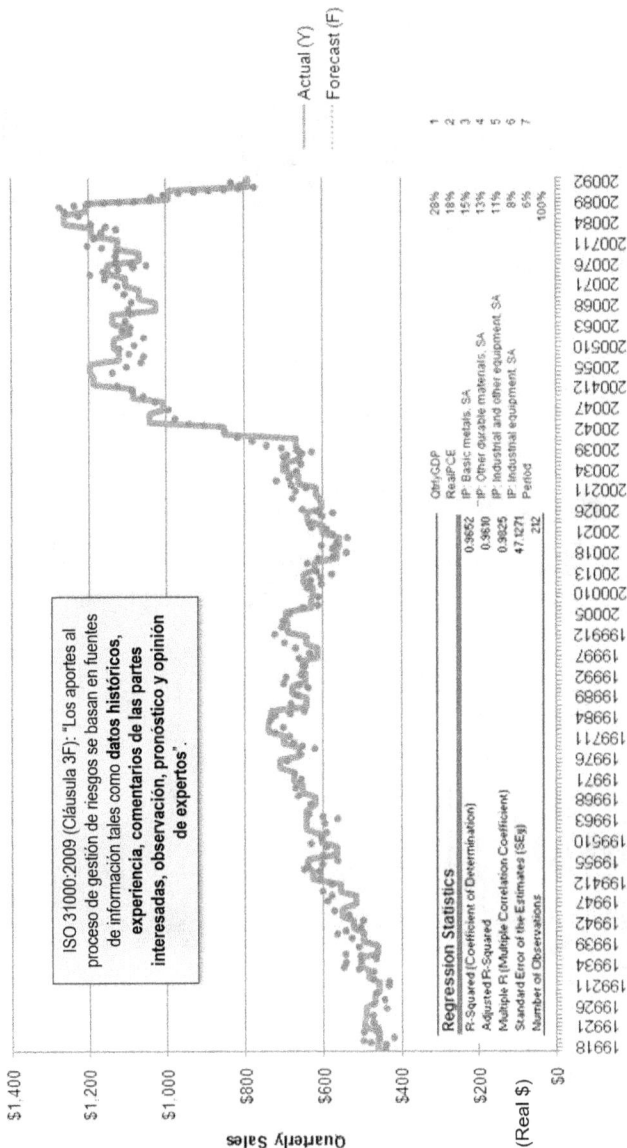

ISO 31000:2009 (Cláusula 3F): "Los aportes al proceso de gestión de riesgos se basan en fuentes de información tales como **datos históricos, experiencia, comentarios de las partes interesadas, observación, pronóstico y opinión de expertos**".

Regression Statistics	
R-Squared (Coefficient of Determination)	0.9652
Adjusted R-Squared	0.9630
Multiple R (Multiple Correlation Coefficient)	0.9825
Standard Error of the Estimate (SEy)	47.1271
Number of Observations	212

Oth/GDP	28%	1
RealPCE	18%	2
IP: Basic metals, SA	15%	3
IP: Other durable materials, SA	13%	4
IP: Industrial and other equipment, SA	11%	5
IP: Industrial equipment SA	8%	6
Period	6%	7
	100%	

Actual (Y)

Forecast (F)

Quarterly Sales

(Real $)

Gráfico 3.5: ISO 31000:2009—Datos Históricos y Pronósticos Futuros y Forwards

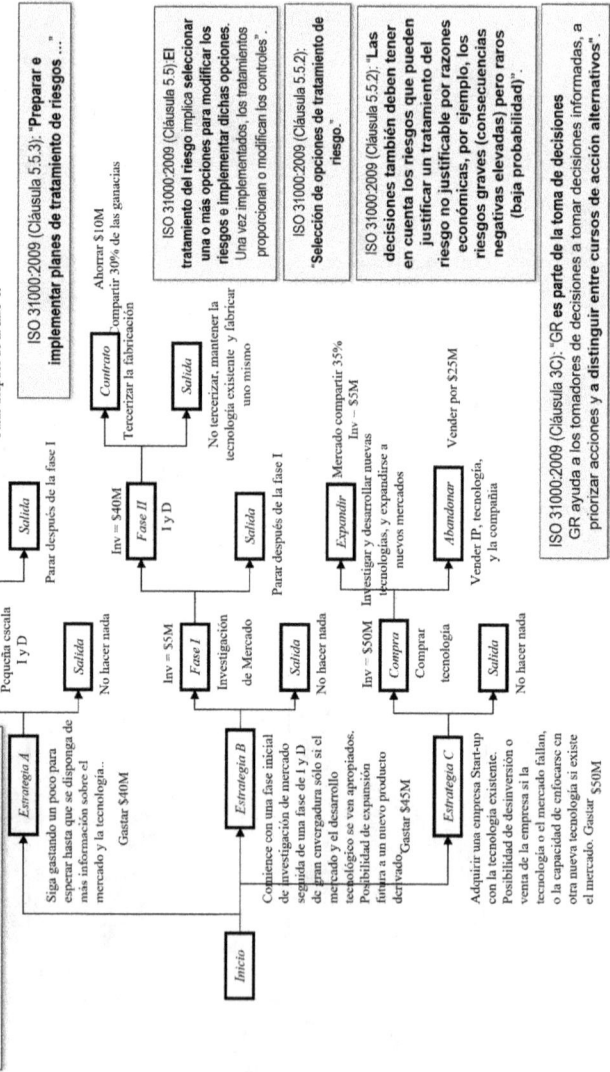

Gráfico 3.6: ISO 31000:2009—Opciones Múltiples, Estrategias y Alternativas

Notas:

- ISO 31000:2009 (Cláusula 5.4.3): "El análisis de riesgos proporciona y contribuye a la **evaluación de riesgos** y a la **toma de decisiones**, en relación a la necesidad de tratar los riesgos, así como sobre las **estrategias y métodos de tratamiento de riesgos más adecuados**. El análisis de riesgos también puede aportar información para la toma de decisiones en las que se deben elegir **opciones que implican diferentes tipos y niveles de riesgo**".

- ISO 31000:2009 (Cláusula 5.5.3): **"Preparar e implementar planes de tratamiento de riesgos …"**

- ISO 31000:2009 (Cláusula 5.5): El tratamiento del riesgo implica seleccionar una o más opciones para modificar los riesgos e implementar dichas opciones. Una vez implementados, los tratamientos proporcionan o modifican los controles".

- ISO 31000:2009 (Cláusula 5.5.2): "Selección de opciones de tratamiento de riesgo".

- ISO 31000:2009 (Cláusula 5.5.2): "Las decisiones también deben tener en cuenta los riesgos que pueden justificar un tratamiento del riesgo no justificable por razones económicas, por ejemplo, los riesgos graves (consecuencias negativas elevadas) pero raros (baja probabilidad)".

- ISO 31000:2009 (Cláusula 3C): "GR es parte de la toma de decisiones GR ayuda a los tomadores de decisiones a tomar decisiones informadas, a priorizar acciones y a distinguir entre cursos de acción alternativas".

Diagrama de flujo — Inicio:

Estrategia A: Siga gastando un poco para esperar hasta que se disponga de más información sobre el mercado y la tecnología. Gastar $40M
- Inv = $10M → *Fase I* (Pequeña escala I y D) → *Salida*: No hacer nada
- Inv = $10M → *Fase II* (Pequeña escala I y D) → *Salida*: Parar después de la fase I
- Inv = $10M → *Fase III* (Pequeña escala I y D) → *Salida*: Parar después de la fase II
- Inv = $10M → *Fase IV* (Pequeña escala I y D) → *Salida*: Parar después de la fase III

Estrategia B: Comience con una fase inicial de investigación de mercado seguida de una fase de I y D de gran envergadura sólo si el mercado y el desarrollo tecnológico se ven apropiados. Posibilidad de expansión futura a un nuevo producto derivado. Gastar $45M
- Inv = $5M → *Fase I* (Investigación de Mercado) → *Salida*: No hacer nada
- Inv = $40M → *Fase II* (I y D) → *Salida*: Parar después de la fase I
- *Contrato*: Tercerizar la fabricación — Ahorrar $10M → *Salida*: compartir 30% de las ganancias
- *Salida*: No tercerizar, mantener la tecnología existente y fabricar uno mismo

Estrategia C: Adquirir una empresa Start-up con la tecnología existente. Posibilidad de desinversión o venta de la empresa si la tecnología o el mercado fallan, o la capacidad de enfocarse en otra nueva tecnología si existe el mercado. Gastar $50M
- Inv = $50M → *Compra*: Comprar tecnología → *Salida*: No hacer nada
- Inv = $5M → *Expandir*: Mercado compartir 35% — Investigar y desarrollar nuevas tecnologías, y expandirse a nuevos mercados
- *Abandonar*: Vender por $25M — Vender IP, tecnología, y la compañía

Simulación de Monte Carlo y ajuste del modelo

Encontrar la distribución correcta de sus datos históricos

Correlación histórica y simulación de Monte Carlo

Variable X	Variable Y	Variable Z
67.53	45.29	6.00
99.66	46.84	6.00
108.75	45.86	6.00
87.41	52.09	8.00

Ajuste Único

El ajuste de la distribución toma datos creativos existentes y los convierte a la distribución adecuada (p. ej. al optimizar los parámetros de cada distribución y realizar el estudio de hipótesis estadísticas)

Tipo de distribución

Ajusta para distribuciones continuas
Ajusta para distribuciones discretas

Seleccione Distribución para sus Ajuste:

Kolmogorov-Smirnov

Arcoseno Beta Multiplicativa de Beta
Cauchy J-Cuadrada Doble Logarítmico

Seleccione Todo Limpiar Todo OK Cancelar

Distribución Normal
La Distribución Normal es la distribución estadística más importante dentro de la Teoría de la Probabilidad. Esta distribución describe múltiples fenómenos naturales, como son el Coeficiente Intelectual (CI) y la altura de las

Assumption Properties

Uniforme Triangular Arcoseno Bernoulli Multiplicativa de Beta
Personalizada Beta Beta Desplazada

Assumption Name Assumption 1: Simulación de Riesgo de Monte Carlo

Media = 100.0000
Desv.Est = 10.0000
Asimetría = 0.0000
Curtosis = 0.0000

62.87 77.09 92.56 107.44 122.31

Enable Correlation

Correlation

Assumption Location
Assumption 2 Sheet1!$A$2
Assumption 3 Sheet1!$A$3

Regular input
Percentile input

Enable Data Boundary

Minimum infinity
Maximum infinity

Enable Dynamic Simulations

OK Cancel

Media 100
Desviación Estándar 10

ISO 31000:2009 (Cláusula 3E): "Un enfoque **sistemático, oportuno y estructurado** de la gestión de riesgos basada en los resultados contribuye a la eficiencia y a la obtención de resultados coherentes, comparables y fiables".

ISO 31000:2009 (Cláusula 3D): "GR tiene en cuenta explícitamente la **incertidumbre**, la naturaleza de esa incertidumbre y cómo puede ser abordada".

ISO 31000:2009 (Cláusula 5.4.3): "También es importante considerar la **interdependencia de los diferentes riesgos y sus fuentes**".

Create Distribution
Open Distribution

OK Cancel

Assumption Name

Uniforme Triangular Arcoseno Bernoulli Multiplicativa de
Normal Personalizada Beta Beta Desplazada

Diseño de la distribución a la medida

Archivo Ayuda
Nombre de la distribución:

Datos Prob

1 Pegar Gráfico de Actualización 3.Iniciar 4.Cerrar

Controles de Riesgo Operacional

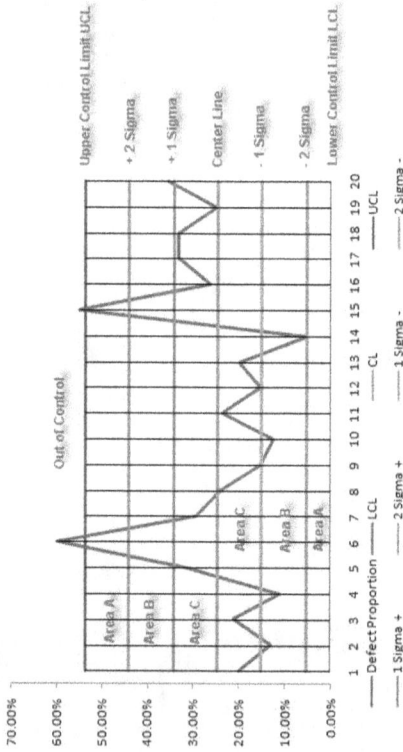

ISO 31000:2009 (Cláusula 2.26): "Controla....medidas que modifican el riesgo."

ISO 31000:2009 (Cláusula 4.4.3): "Implementar y mantener el proceso de GR y asegurar la idoneidad, efectividad y eficiencia de cualquier control".

ISO 31000:2009 (Cláusula 5.4.3): "**También deben tenerse en cuenta los controles existentes, así como su efectividad y eficiencia**. La forma en que se expresan las consecuencias y la probabilidad y la forma en que se combinan determinan un nivel de riesgo que debe reflejar el tipo de riesgo, la información disponible y el propósito para el cual se utilizará el resultado de la evaluación del riesgo. Todos ellos deben ser coherentes con los criterios de riesgo".

Gráfico 3.8: ISO 31000:2009—Eficiencia y Eficacia en el Control de Riesgos

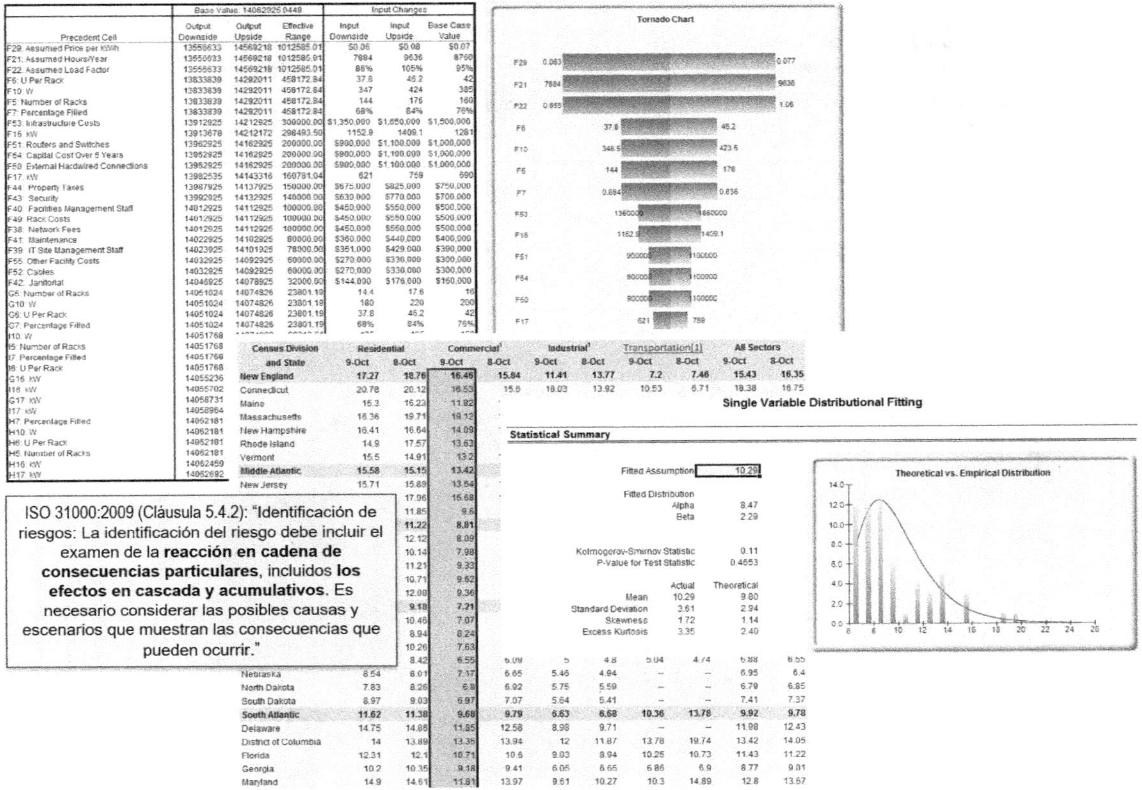
Tornado Chart
Census Division and State
Single Variable Distributional Fitting
Statistical Summary
Theoretical vs. Empirical Distribution

ISO 31000:2009 (Cláusula 5.4.2): "Identificación de riesgos: La identificación del riesgo debe incluir el examen de la **reacción en cadena de consecuencias particulares**, incluidos **los efectos en cascada y acumulativos**. Es necesario considerar las posibles causas y escenarios que muestran las consecuencias que pueden ocurrir."

Gráfico 3.9: ISO 31000:2009—Consecuencias, Cascadas, y Escenarios

Tablero de control de gestión

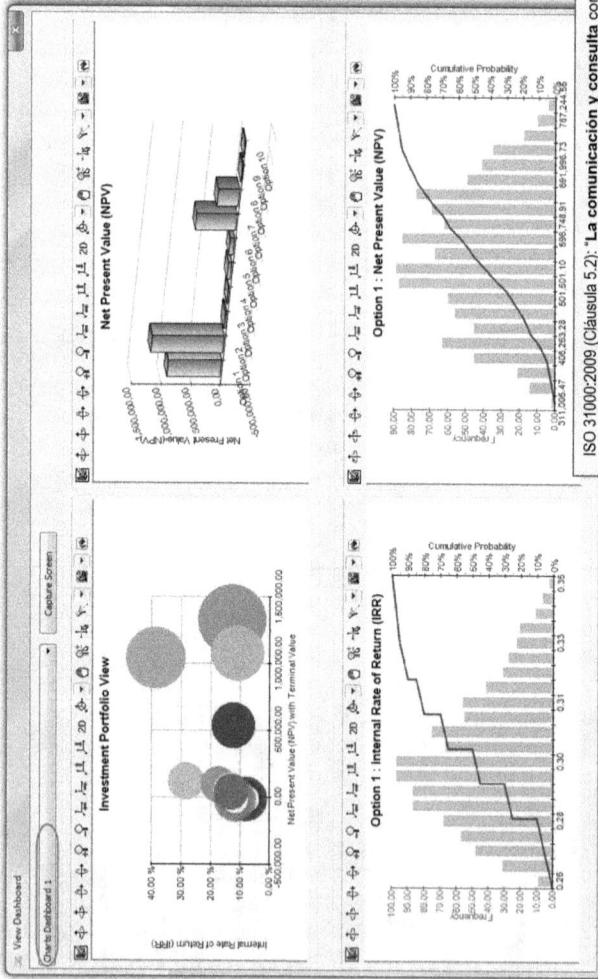

Puede recuperar cualquiera de los tableros guardados y estos tableros sólo se rellenarán si se han ejecutado los modelos apropiados....

ISO 31000:2009 (Cláusula 5.2): "**La comunicación y consulta** con las partes interesadas externas e internas debe llevarse a cabo durante todas las etapas del proceso de GR. Estos deben abordar **cuestiones relacionadas con el propio riesgo, sus causas, sus consecuencias (si se conocen) y las medidas que se están tomando para tratarlo. Las partes interesadas deben comprender la base sobre la cual se toman las decisiones y las razones por las cuales se requieren acciones específicas.**"

Gráfico 3.10: ISO 31000:2009 —Comunicaciones y Consultas

A continuación hay un resumen del cumplimiento con Basilea III y Basilea IV al utilizar la metodología IRM:

- El Gráfico 3.11 muestra las simulaciones de riesgo de Monte Carlo que se aplican para determinar los niveles de confianza, los percentiles y las probabilidades de ocurrencia utilizando datos ajustados históricamente o expectativas de pronósticos. Estos métodos coinciden con los requerimientos de las Secciones 16 y 161 de Basilea III y Basilea IV relacionadas con el uso de las simulaciones históricas, las simulaciones Monte Carlo y los intervalos de confianza del percentil 99.

- El Gráfico 3.12 muestra una simulación correlacionada de un portafolio de activos y pasivos, en donde los retornos del activo se correlacionan entre sí en un portafolio y se ejecutan rutinas de optimización con los resultados simulados. Estos procesos cumplen con los requerimientos de las Secciones 178, 232 y 527(f) de Basilea III y Basilea IV, que involucran las correlaciones, los modelos de Valor en Riesgo (VaR), los portafolios de segmentos y las exposiciones agrupadas (activos y pasivos).

- El Gráfico 3.13 exhibe el percentil del Valor en Riesgo y los cálculos de confianza utilizando modelos estructurales y resultados de simulaciones que están en línea con los requerimientos de las Secciones 179, 527(c), y 527 (f) de Basilea III y Basilea IV.

- El Gráfico 3.14 muestra los cálculos de probabilidad determinado (PD) según lo requieren los Acuerdos de Basilea, específicamente la Sección 733 y el Anexo 2´s, Sección 16 de Basilea III y Basilea IV. La PD se puede calcular utilizando los modelos estructurales o con base en los datos históricos a través de la ejecución de relaciones básicas hasta modelos logísticos binarios más avanzados.

- El Gráfico 3.15 exhibe la simulación y generación de curvas de rendimiento de las tasas de interés, utilizando los modelos del Simulador de Riesgos y la Caja de Herramientas de Modelación. Estos métodos están en línea con los requisitos de la Sección 763 de Basilea III y Basilea IV que requieren del análisis de las fluctuaciones y los choques de las tasas de interés.

- El Gráfico 3.16 muestra los modelos adicionales para las tasas de interés volátiles, los mercados financieros y otros choques instantáneos de los instrumentos líquidos por medio de los modelos del proceso estocástico del Simulador de Riesgos. Estos análisis cumplen con los requerimientos de las Secciones 155, 527 (a) y 527 (b) de Basilea III y Basilea IV.

- El Gráfico 3.17 exhibe varios modelos de pronóstico con un alto poder predictivo y analítico, que pertenecen a la familia de los métodos de pronóstico del Simulador de Riesgos. Dicha modelación cumple con los requisitos de la Sección 417 de Basilea III y Basilea IV que precisan de modelos con un buen poder predictivo.

- El Gráfico 3.18 muestra una lista de los modelos financieros y crediticios que están disponibles en la Caja de Herramientas de Modelación de ROV y en las aplicaciones del software de Opciones Reales SLS. Estos modelos cumplen con los requisitos de las Secciones 112, 203 y 527 (e) de Basilea III y Basilea IV que deben poder valorar y modelar los derivados del mercado extrabursátil (OTC), los derivados no-lineales de renta y convertibles, las coberturas y las opciones integradas.

- El Gráfico 3.19 expone la modelación de instrumentos cambiarios y coberturas para determinar se la eficacia del mercado cambiario en la cobertura de los vehículos y su impacto en la valoración, la rentabilidad del portafolio y el VaR, coinciden con las Secciones 131 y 155 de Basilea III y Basilea IV que precisan del análisis de distintas divisas, correlaciones, volatilidad y coberturas.

- El Gráfico 3.20 exhibe los modelos del *spread* ajustado a opciones (OAS), las permutas de incumplimiento crediticio (CDS) y las opciones de *spread* de crédito (CSO), en la Caja de Herramientas de Modelación de ROV. Estos modelos cumplen con los requisitos de las Secciones 140 y 713 de Basilea III y Basilea IV concerniente a la modelación y valoración de los derivados crediticios y a las coberturas de créditos.

Basilea III/IV Compliance — Simulación de Monte Carlo y ajuste del modelo

Encontrar la distribución correcta de sus datos históricos

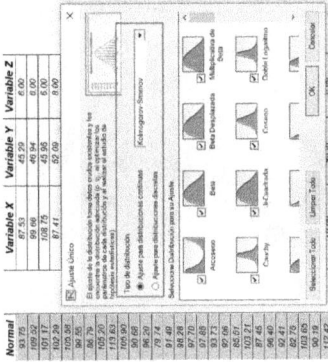

Normal	Variable X	Variable Y	Variable Z
93.75	87.53	45.29	6.00
99.92	99.68	46.94	8.00
101.17	108.75	45.96	6.00
102.39	87.41	52.09	8.00
105.08			
86.95			
86.79			
105.20			
113.63			
101.90			
50.66			
96.20			
79.74			
91.40			
94.26			
97.70			
91.07.68			
93.73			
97.66			
86.61			
103.21			
87.45			
96.40			
92.41			
82.75			
103.60			
90.19			
112.42			

El ajuste de la distribución toma datos continuos contenidos y los concuerda la distribución adecuada (p, q), et organizar los parámetros de cada distribución, y realizar el ajuste de hipótesis subyacentes.

Tipo de distribución
- Ajuste para distribuciones continuas
- Ajuste para distribuciones discretas

Seleccione Distribución para su Ajuste

Acumeen · Beta · Beta Dreyichauda · Multiplicativa de Beta · Cauchy · ji-Cuadrada · Coseno · Doble Logística · Kolmogorov-Smirnov

Seleccionar Todo · Limpiar Todo · OK · Cancelar

Correlación histórica y simulación de Monte Carlo

Assumption Properties

Distribución Normal
La Distribución Normal es la distribución estadística más importante dentro de la Teoría de la Probabilidad. Esta distribución describe muchos fenómenos naturales, como son el Coeficiente Intelectual (CI) y la altura de las personas entre otros. Quienes toman decisiones pueden utilizar la Distribución Normal para

Uniforme · Triangular · Arcoseno · Bernoulli · Beta · Beta Deplazada · Multiplicativa de Beta

Assumption Name: Assumption 1-Simulación de Riesgo de Monte Carlo

Media = 100.0000
Desv.Est = 10.0000
Asimetría = 0.0000
Curtósis = 0.0000

62.61 77.49 77.68 92.96 107.44 122.31

Enable Correlation

Assumption	Location	Correlation
Assumption 2	Sheet1!A42	0.5
Assumption 3	Sheet1!A43	-0.25

Media: 100
Desviación Estándar: 10

Regular Input / Percentile Input

Enable Data Boundary — Minimum / Maximum — Enable Dynamic Simulations

OK / Cancel

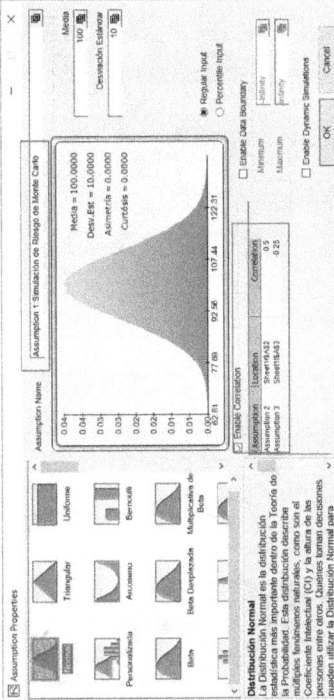

Basilea II y III: Sección 161:
No se recomienda ningún tipo particular de modelo. Mientras que cada modelo utilizado capture todos los riesgos materiales que corre el banco, éste podrá utilizar libremente modelos basados, por ejemplo, en **simulaciones históricas y en simulaciones de Monte Carlo.**

Basilea II y III: Sección 16:
Tras examinar una serie de metodologías, el Comité decidió utilizar las **simulaciones de Monte Carlo** para calibrar tanto los niveles de monitoreo como los niveles de activación para cada categoría de **evaluación del riesgo de crédito.** En particular, los niveles de monitoreo propuestos se derivaron del **intervalo de confianza del percentil 99** y el punto de referencia del intervalo de confianza del **percentil 99.9.**

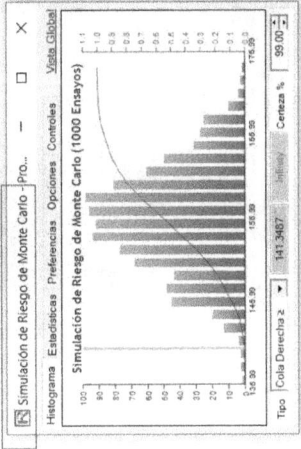

Simulación de Riesgo de Monte Carlo - Pro... — □ ×

Histograma · Estadísticas · Preferencias · Opciones · Controles · Vista Global

Simulación de Riesgo de Monte Carlo (1000 Ensayos)

1.1 · 1.0 · 0.9 · 0.8 · 0.7 · 0.6 · 0.5 · 0.4 · 0.3 · 0.2 · 0.1 · 0.0

138.39 146.99 158.99 166.99 175.99

Tipo: Cola Derecha 2 · Infinity · 141.3487 · Certeza % · 99.00

Basilea III/IV Compliance

Optimización de portafolio correlacionado

TAIL VALUE AT RISK MODEL (BASEL II REQUIREMENT)

Line of Business	Mean Required Capital	99.95th Percentile	Capital Required	Allocation Weights	Minimum Allowed	Maximum Allowed	
Business 1	$10.50	$36.52	$26.01	10.00%	5.00%	15.00%	3.48
Business 2	$11.12	$47.52	$36.39	10.00%	5.00%	15.00%	4.27
Business 3	$11.77	$48.99	$37.22	10.00%	5.00%	15.00%	4.16
Business 4	$10.77	$37.34	$26.56	10.00%	5.00%	15.00%	3.47
Business 5	$13.49	$49.52	$36.03	10.00%	5.00%	15.00%	3.67
Business 6	$14.24	$55.59	$41.35	10.00%	5.00%	15.00%	3.91
Business 7	$15.60	$60.24	$44.64	10.00%	5.00%	15.00%	3.86
Business 8	$14.95	$54.69	$49.74	10.00%	5.00%	15.00%	4.33
Business 9	$14.15	$61.02	$46.87	10.00%	5.00%	15.00%	4.31
Business 10	$10.08	$25.37	$25.29	10.00%	5.00%	15.00%	3.51
Portfolio Total	$12.67	$49.68	$37.01	100.00%			
Total Capital Required			$14.00				

Correlation Matrix

	1	2	3	4	5	6	7	8	9	10
1										
2	-0.20									
3	-0.13	0.35								
4	-0.05	0.01	0.00							
5	0.23	0.50	0.15	0.00						
6	0.00	0.00	-0.15	0.00	0.03					
7	0.25	0.00	-0.26	0.01	0.10	-0.10				
8	0.36	-0.25	-0.60	-0.30	0.00	0.00	-0.15			
9	-0.01	-0.20	0.16	0.04	-0.01	0.01	0.00	0.00		

This model shows the capital requirements per Basel II (99.95 percentile capital adequacy based on a specific holding period). Without running risk-based historical and Monte Carlo simulation using Risk Simulator, the required capital is $37.01M as compared to only $14.00M is required. This is due to the cross-correlations between assets and business lines, and can only be modeled using Risk Simulator. To run the model click on Simulation and select Run Simulation (if you had other models open, make sure you first click on Simulation, Change Simulation Profile, and select the Tail VaR profile before starting). This model will not run unless Risk Simulator is installed.

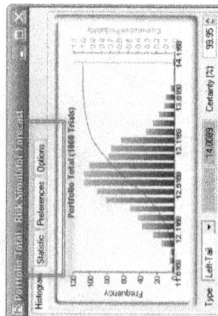

Basilea II y III Sección 178:

Como alternativa al uso de recortes de valoración estándar o propios, se le puede permitir a los bancos utilizar un enfoque basado en **modelos VaR** para reflejar la volatilidad de los precios de la exposición y de las garantías en las operaciones con contrato de recompra, teniendo en cuenta los efectos de **correlación** entre las posiciones de las fianzas. Este enfoque se aplicaría a las operaciones con contrato de recompra cubiertas por acuerdos de compensación bilaterales en cada una de las contrapartes.

Basilea II y III Sección 232

La exposición debe formar parte de un gran conjunto de exposiciones, que son gestionadas por el banco de forma mancomunada... Además, no debe gestionarse individualmente de forma comparable a las exposiciones corporativas, sino más bien como parte de un segmento de **portafolio** o conjunto de exposiciones con características de riesgo similares a efectos de evaluación y cuantificación del riesgo.

Basilea II y III Sección 527 (f):

Sujeto a revisión supervisora, las correlaciones de la cartera de acciones pueden integrarse en las medidas internas de riesgo del banco. El uso de correlaciones explícitas (por ejemplo, la utilización de un **modelo VaR de varianza/covarianza**) debe estar totalmente documentado y respaldado mediante el análisis empírico. Los supervisores evaluarán la idoneidad de los supuestos de **correlación** implícitos en su revisión de la documentación del modelo y las técnicas de estimación.

Gráfico 3.12: Portafolios Correlacionados y Simulaciones Correlacionadas en Basilea III y Basilea IV

Basilea III/IV
Complimiento

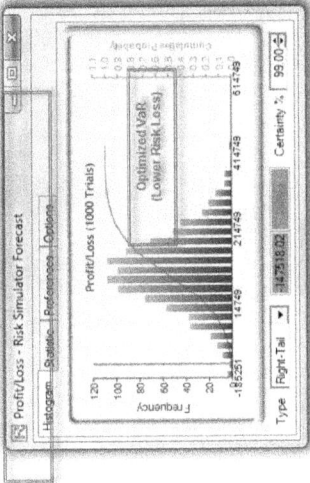

Valor en Riesgo

VALUE AT RISK WITH ASSET ALLOCATION OPTIMIZATION MODEL

Asset Class Description	Annualized Returns	Volatility Risk	Allocation Weights	Required Minimum Allocation	Required Maximum Allocation
S&P 500	7.92%	9.00%	25.00%	10.00%	40.00%
Small Cap	9.51%	14.35%	25.00%	10.00%	40.00%
High Yield	16.30%	22.50%	25.00%	10.00%	40.00%
Govt Bonds	4.50%	7.25%	25.00%	10.00%	40.00%
Total Weight:			**100.00%**		

Correlation Matrix

	S&P 500	Small Cap	High Yield	Govt Bonds
S&P 500	1.0000	0.7400	0.6500	0.5500
Small Cap	0.7400	1.0000	0.4200	0.3100
High Yield	0.6500	0.4200	1.0000	0.2300
Govt Bonds	0.5500	0.3100	0.2300	1.0000

Covariance Matrix

	S&P 500	Small Cap	High Yield	Govt Bonds
S&P 500	0.0096	0.0104	0.0143	0.0039
Small Cap	0.0104	0.0206	0.0136	0.0032
High Yield	0.0143	0.0136	0.0506	0.0038
Govt Bonds	0.0039	0.0032	0.0038	0.0053

VALUE AT RISK (VARIANCE-COVARIANCE METHOD)

Amount	Daily Volatility
$1,000,000.00	1.20%
$2,000,000.00	2.00%
$3,000,000.00	1.89%
$4,000,000.00	3.25%
$5,000,000.00	4.20%

This model is used to compute the portfolio's Value at Risk at a given percentile for a specific holding period, after accounting for the cross-correlation effects between the assets. The daily volatility is the annualized volatility divided by the square root of trading days per year.

Correlation Matrix

	Asset A	Asset B	Asset C	Asset D	Asset E
Asset A	1.0000	0.1000	0.1000	0.1000	0.1000
Asset B	0.1000	1.0000	0.1000	0.1000	0.1000
Asset C	0.1000	0.1000	1.0000	0.1000	0.1000
Asset D	0.1000	0.1000	0.1000	1.0000	0.1000
Asset E	0.1000	0.1000	0.1000	0.1000	1.0000

ProfitLoss - Risk Simulator Forecast
Histogram · Statistics · Preferences · Options

Profit/Loss (1000 Trials)

Optimized VaR (Lower Risk/Loss)

-185251 · 14749 · 214749 · 414749 · 614749

Type: Right-Tail · 14,731.02 · Certainty %: 99.00

Asset Allocation
Asset A
Asset B
Asset C
Asset D
Asset E

Correlation Matrix
Asset A
Asset B
Asset C

Basilea II y III Sección 179:
Los criterios cuantitativos y cualitativos para el reconocimiento de los modelos de riesgo del mercado interno para las operaciones con contrato de recompra y otras operaciones similares son, en principio, los mismos que en la Enmienda de Riesgo de Mercado. Con respecto al período de tenencia, el mínimo será de 5 días hábiles para las operaciones con contrato de recompra, en lugar de los 10 días hábiles previstos en la Enmienda de Riesgo de Mercado. Para otras transacciones elegibles para el enfoque de **modelos VaR**, se retendrá el período de tenencia de 10 días hábiles.

Basilea II y III Sección 527 (c):
No se prescribe ningún tipo particular de **modelo VaR** (por ejemplo, **varianza-covarianza, simulación histórica o Monte Carlo**). Sin embargo, el modelo utilizado debe ser capaz de captar adecuadamente todos los riesgos materiales que se incorporan en los rendimientos de renta variable, incluyendo tanto el riesgo de mercado general como la exposición al riesgo específico de la **cartera de renta variable de la entidad**. Los modelos internos deben explicar adecuadamente la variación histórica de los precios, captar tanto la magnitud como los cambios en la composición de las concentraciones potenciales, y ser sólidos frente a los entornos adversos del mercado. La población de exposiciones de riesgo representada en los datos utilizados para la estimación deberá ser muy similar o, al menos, comparable a la de las exposiciones de renta variable del banco.

Basilea II y III Sección 527 (f):
Sujeto a revisión supervisora, las **correlaciones** de la cartera de renta variable pueden integrarse en las medidas de riesgo internas del banco. El uso de correlaciones explícitas (por ejemplo, la utilización de un **modelo VaR de varianza/covarianza**) debe estar completamente documentado y respaldado mediante análisis empírico. Los supervisores evaluarán la idoneidad de los supuestos de correlación implícitos en su revisión de la documentación del modelo y las técnicas de estimación.

Gráfico 3.13: Valor en Riesgo y Percentiles en Basilea III y Basilea IV

Ingeniería Financiera: Riesgo de crédito

Probabilidad de incumplimiento

Default Probability and Credit Risk Model for Basel II

STEP ONE:

Available market and corporate data stating that we have

Market Capitalization	$3,000 (in millions)	This value is obtained from market data on the firm's capitalization
Equity Volatility (computed)	46.64% (annualized)	This value is computed in the Volatility or LPVA worksheets
Total Liabilities	$10,000 (in millions)	This is the firm's book value of debt

Inputs in the real options model

	Solved	Starting	Optimized	
Call Value	$2,491			This is the value of the option and should be set to the equally value using optimization
Asset Value*	$12,000	$12,000	$12,509	This is the value to be solved* and is hence set as a decision set as a decision variable in Risk Simulator
Strike Value	$10,000			This is set as the book value of debt
Maturity	1			For simplicity, we set this as 1 year, to obtain the 1-year default probability
Volatility of Asset*	10.00%	10.00%	11.33%	This is the value to be solved* and is hence set as a decision variable in Risk Simulator
Risk-free Rate	5.0%			This is the corresponding risk-free rate for the maturity of the option being analyzed
Dividend Rate	0%			For simplicity, we assume a zero dividend rate

Optimization parameters:

Call value:	$3,000	This is the target result
Computed value:	$2,491	This is the computed result
Minimize Absolute Difference:	$509	Objective to Minimize (we minimize this error function to solve the simultaneous equations)

Decision Variable Constraints:

	Min	Max	
Asset Value	$10,000	$15,000	These are decision variable constraints, set at appropriate levels based on the input parameters
Volatility	5%	35%	These are decision variable constraints, set at appropriate levels based on the input parameters

Optimization Constraints:

Set value	39.28% to be exactly 46.64%	which is the equally volatility

STEP TWO:

Default Probability is computed using the Risk Simulator Distribution Analysis tool on:

Anticipated Growth:	7%	Enter in the expected annualized cumulative growth rate of the firm's assets
Standardized Value:	-2.4732	This an intermediate computed value
Default Probability:	0.6695%	This is the computed probability of default
Distance to Default:	2.47	This is the computed distance to default in standard deviations

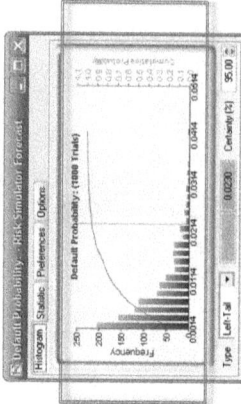

Basilea II y III Anexo 2 - Sección16:

Tras examinar una serie de metodologías, el Comité decidió utilizar las **simulaciones de Monte Carlo** para calibrar tanto los niveles de monitoreo como los niveles de activación para cada categoría de **evaluación del riesgo de crédito**. En particular, los niveles de monitoreo propuestos se derivaron del **intervalo de confianza del percentil 99** y el punto de referencia del intervalo de confianza del percentil 99.9.

Basilea II y III Sección 733:

Riesgo de crédito: los bancos deben tener metodologías que les permitan evaluar el **riesgo de crédito** involucrado en exposiciones a **prestatarios o contrapartes individuales**, así como también a nivel de **cartera**. En el caso de los bancos más sofisticados, la evaluación de revisión de crédito de la suficiencia de capital, como mínimo, debe cubrir cuatro áreas: sistemas de calificación de riesgo, análisis / agregación de cartera, titularización / derivados de crédito complejos y grandes exposiciones y concentraciones de riesgo.

Gráfico 3.14: Análisis de Riesgo Crediticio en Basilea III y Basilea IV

Ingeniería Financiera: Riesgo del Mercado

Análisis de tasas de interés y curvas de rendimiento

Daily Treasury Yield Curve Rates

Splined Curve

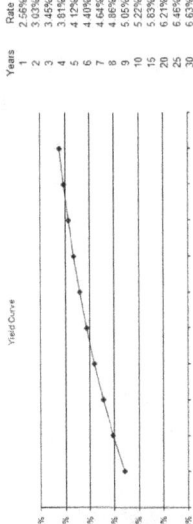

YIELD CURVE INTERPOLATION MODEL

This is the Nelson interpolation model for generating the term structure of interest rates and yield curve estimation. This model requires several input parameters, whereby their estimations require some econometric modeling techniques to calibrate their values.

Function Used: ESYieldCurveBIM (Beta 0, Beta 1, Beta 2, Lambda 1, Lambda 2)

Yield Curve

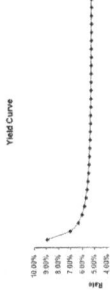

VASICEK MODEL
YIELD CURVE CONSTRUCTION

This is the Vasicek model used to compute the term structure of interest rates and yield curve. The Vasicek model assumes a mean-reverting stochastic interest rate. The rate of reversion and long-run mean rates can be determined using Risk Simulator's statistical analysis tool. If the long-run rate is higher than the current short rate, the yield curve is upward sloping, and vice versa.

Input Assumptions

Time to Maturity of the Bond or Debt (Years)	1.00
Riskfree Rate (Short Rate)	2.00%
Long-run Mean Rate	8.00%
Annualized Volatility of Interest Rate	2.00%
Market Price of Interest Rate Risk	0.00%
Rate of Mean Reversion	20.00%

Yield of Zero Coupon Bond   2.5562%

Function call: B2BondVasicekBondYield (Maturity, Riskfree, Longterm Rate, Volatility, Market Price of Risk, Rate of Mean Reversion)

Years	Rate
1	2.56%
2	3.03%
3	3.45%
4	3.81%
5	4.12%
6	4.40%
7	4.64%
8	4.86%
9	5.05%
10	5.22%
15	5.83%
20	6.21%
25	6.46%
30	6.63%

Yield Curve

Basilea II y III Sección 763:
La revisión de la directiva sobre el **riesgo de tasa de interés** reconoce que los sistemas internos de los bancos son la herramienta principal para la medición del riesgo de tasas de interés en la cartera bancaria y en la respuesta de la supervisión. Para facilitarle a los supervisores el monitoreo de la **exposición al riesgo de tipo de interés** en todas las instituciones, los bancos tendrían que facilitar los resultados de sus sistemas de medición internos, expresados en términos de valor económico en relación con el capital, utilizando una **alteración estandarizada de las tasas de interés.**

Gráfico 3.15: Riesgo por Tasa de Interés y Choques de Mercado en Basilea III y Basilea IV

Ingeniería Financiera: Riesgo del Mercado

Pronóstico Estocástico

- ARIMA
- Volatilidad GARCH
- Movimiento Browniano Movimiento Aleatorio
- Splines Cúbicos Curvas de Rendimiento
- Curvas de Rendimiento implícitas de la deuda
- Reversión a la media Tasa de Interés
- Precios con Salto de Difusión
- Procesos Estocásticos Mixtos
- Descomposición de Series temporales

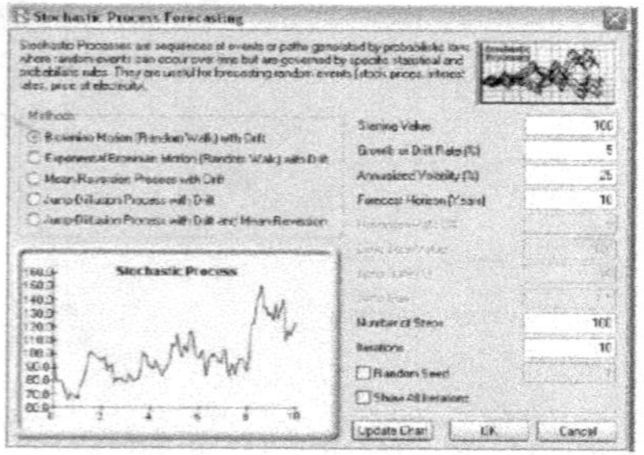

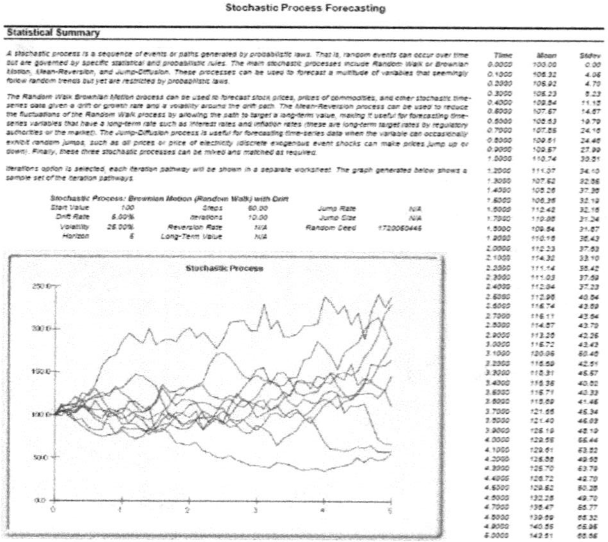

Basilea II y III Sección 527 (a) y (b):
La carga de capital es equivalente a la **pérdida potencial** de la cartera de acciones de la entidad derivada de una supuesta **alteración instantánea** equivalente al percentil 99, un intervalo de confianza de una sola cola de la diferencia entre los rendimientos trimestrales y una tasa libre de riesgo adecuada, calculada a lo largo de un período de muestreo a largo plazo. Las **pérdidas estimadas** deben ser sólidas frente a **movimientos adversos del mercado** relevantes para el perfil de riesgo a largo plazo de las participaciones específicas de la entidad.

Basilea II y III Sección 155:
Los bancos deben **estimar individualmente la volatilidad** del instrumento de garantía o del desfase de divisas: las volatilidades estimadas para cada transacción no deben tener en cuenta las **correlaciones** entre la exposición no garantizada, la garantía real y **los tipos de cambio**.

Gráfico 3.16: Volatilidad y Choques Instantáneos Adversos en Basilea III y Basilea IV

Modelos de datos y relaciones

Análisis Econométrico-
ARIMA, Regresiones, GARCH

Modeling and forecasting cross-sectional, time-series, and (ed panel data, and applications of volatility forecasts

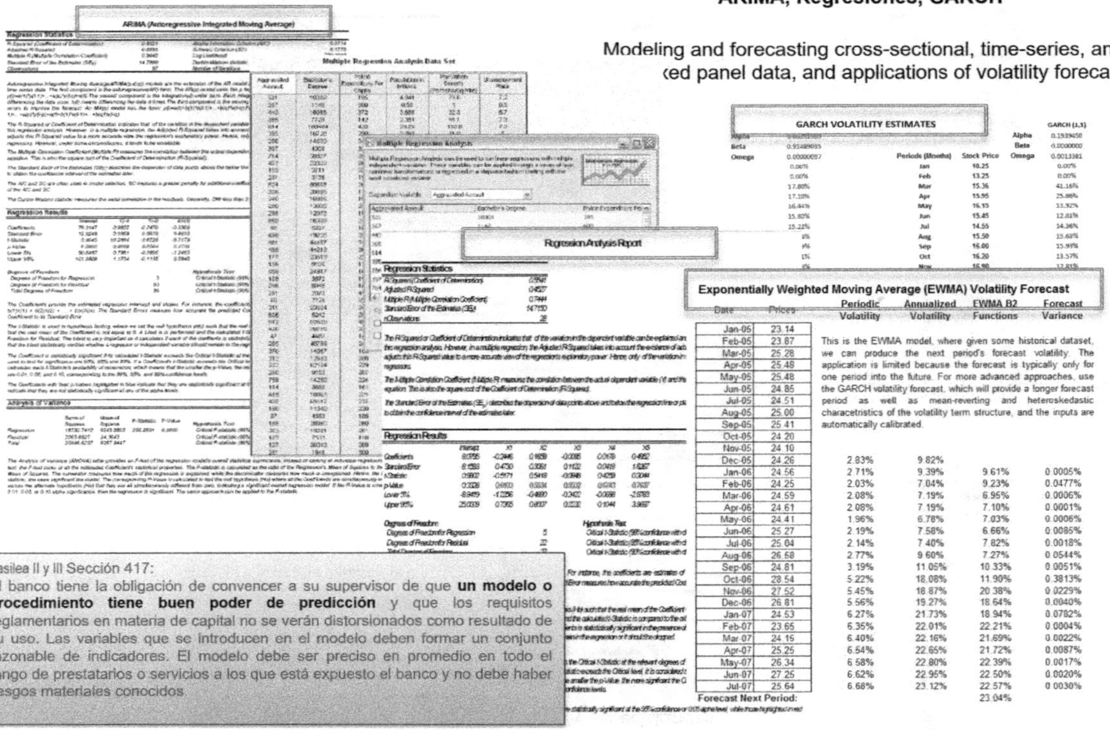

This is the EWMA model where given some historical dataset, we can produce the next period's forecast volatility. The application is limited because the forecast is typically only for one period into the future. For more advanced approaches, use the GARCH volatility forecast, which will provide a longer forecast period as well as mean-reverting and heteroskedastic characteristics of the volatility term structure, and the inputs are automatically calibrated.

Basilea II y III Sección 417:
El banco tiene la obligación de convencer a su supervisor de que **un modelo o procedimiento** tiene **buen poder de predicción** y que los requisitos reglamentarios en materia de capital no se verán distorsionados como resultado de su uso. Las variables que se introducen en el modelo deben formar un conjunto razonable de indicadores. El modelo debe ser preciso en promedio en todo el rango de prestatarios o servicios a los que está expuesto el banco y no debe haber sesgos materiales conocidos.

Gráfico 3.17: Modelos de Pronóstico con Fuerte Poder Predictivo Basilea III y Basilea IV

Ingeniería Financiera

Opciones exóticas y especializadas

Index Options	
American and European Options	Inverse Gamma Out-of-the-money Options
Asian Arithmetic	Jump Diffusion
Asian Geometric	Leptokurtic and Skewed Options
Asset or Nothing	Lookback Fixed Strike Partial Time
Barrier Options	Lookback Fixed Strike
Binary Digital Options	Lookback Floating Strike Partial Time
Cash or Nothing	Lookback Floating Strike
Credit Spread Options	Min and Max of Two Assets
Commodity Options	Option Collar
Complex Chooser	Options on Options
Currency Options	Perpetual Options
Double Barriers	Simple Chooser
Exchange Assets	Spread on Futures
Extreme Spread	Supershares
Futures and Forward Options	Time Switch
Foreign Equity Linked Forex	Trading Day Corrections
Foreign Equity Domestic Currency	Two Asset 3D Options
Foreign Equity Fixed Forex	Two Assets Barrier
Foreign Takeover Options	Two Assets Cash
Forward Start	Two Assets Correlated
Gap Options	Uneven Dividends
Graduated Barriers	Winter Extendable
Implied Trinomial Lattices	

Employee Stock Options - Simple American Call	
Employee Stock Options - Simple Bermudan Call with Vesting	
Employee Stock Options - Simple European Call	
Employee Stock Options - Subcoptimal Exercise	
Employee Stock Options - Vesting and Suboptimal Exercise	
Employee Stock Options - Vesting, Blackout, Suboptimal, Forfeiture	
Exotic Options - American Call Option with Dividends	
Exotic Options - Accruals on Basket of Assets	
Exotic Options - American Call Option on Foreign Exchange	
Exotic Options - American Call Option on Index Options	
Exotic Options - Barrier Option - Down and In Upper Barrier	
Exotic Options - Barrier Option - Down and Out Lower Barrier	
Exotic Options - Barrier Option - Up and In Upper Barrier Call	
Exotic Options - Barrier Option - Up and In, Down and In Double Barrier Call	
Exotic Options - Barrier Option - Up and Out Upper Barrier Call	
Exotic Options - Barrier Options - Up and Out, Down and Out Double Barrier Call	
Exotic Options - Basic American, European, versus Bermudan Call Options	
Exotic Options - Chooser Option	
Exotic Options - Equity Linked Notes	
Exotic Options - European Call Option with Dividends	
Exotic Options - Range Accruals	
Options Analysis - Plain Vanilla Call Option I	
Options Analysis - Plain Vanilla Call Option II	
Options Analysis - Plain Vanilla Call Options III	
Options Analysis - Plain Vanilla Call Option IV	

Todos estos modelos están en los instrumentos de Modelado de Basilea III / IV

Real Options - Dual-Asset Rainbow Option Pentanomial Lattice
Real Options - Exotic Complex Floating American Chooser
Real Options - Exotic Complex Floating European Chooser
Real Options - Expand Contract Abandon Asamican and European Opt
Real Options - Expand Contract Abandon Bermudan Option
Real Options - Expand Contract Abandon Customized Option I
Real Options - Expand Contract Abandon Customized Option II
Real Options - Expansion American and European Option
Real Options - Expansion Bermudan Option
Real Options - Expansion Customized Option
Real Options - Jump Diffusion Calls and Puts using Quadranomial Latti
Real Options - Mean Reverting Calls and Puts using Trinomial Lattices
Real Options - Multiple Asset Competing Options (3D Binomial)
Real Options - Multiple Phased Complex Sequential Compound Optior
Real Options - Multiple Phased Sequential Compound Option
Real Options - Multiple Phased Simultaneous Compound Option
3 Puts using Trinomial Lattices
sed Sequential Compound Option
sed Simultaneous Compound Option
- High-Tech Manufacturing Strategy A
- High-Tech Manufacturing Strategy B
- High-Tech Manufacturing Strategy C
- Oil and Gas - Strategy A
- Oil and Gas - Strategy B
- RQ Stage-Gate Process A
- RQ Stage-Gate Process B
- Switching Options I Strategy A
- Switching Options I Strategy B

Trinomial - Mean Reverting American Call Option
Trinomial - Mean Reverting American Put Option
Trinomial - Mean Reverting European Call Option
Trinomial - Mean Reverting European Put Option
Trinomial - Mean Reverting American Abandonment Option
Pentanomial - American Rainbow Call Option
Pentanomial - American Rainbow Put Option
Pentanomial - Dual Reverse Strike American Call (3D Binomial)
Pentanomial - Dual Reverse Strike American Put (3D Binomial)
Pentanomial - Dual Strike American Call (3D Binomial)
Pentanomial - Dual Strike American Put (3D Binomial)
Pentanomial - European Rainbow Call Option
Pentanomial - European Rainbow Put Option
Pentanomial - Exchange of Two Assets American Call (3D Binomial)
Pentanomial - Maximum of Two Assets American Call (3D Binomial)
Pentanomial - Maximum of Two Assets American Put (3D Binomial)
Pentanomial - Minimum of Two Assets American Call (3D Binomial)
Pentanomial - Minimum of Two Assets American Put (3D Binomial)
Pentanomial - Portfolio American Call (3D Binomial)
Pentanomial - Portfolio American Put (3D Binomial)
Pentanomial - Spread of Two Assets American Call (3D Binomial)
Pentanomial - Spread of Two Assets American Put (3D Binomial)

Binary Digital Instruments
Inverse Floater Bond Lattice
Options Trading Strategies
Options Adjusted Spreads on Debt
Options on Debt
Corn and Plains
Convertible Bond
Valuation of a Warrant - Combined Value
Valuation of a Warrant - Put Onry
Valuation of a Warrant - Warrant Only

Quadranomial - Jump Diffusion American Call Option
Quadranomial - Jump Diffusion American Put Option
Quadranomial - Jump Diffusion European Call Option
Quadranomial - Jump Diffusion European Put Option
Trinomial - American Call Option
Trinomial - American Put Option
Trinomial - European Call Option
Trinomial - European Put Option

Basilea II y III Sección 112

El enfoque integral para el tratamiento de las garantías también se aplicará para calcular los cargos de riesgo de contraparte para los **derivados OTC** y las operaciones con contrato de recompra registradas en la cartera de negociación.

Basilea II y III Sección 527 (e)

Las entidades deben utilizar un modelo interno que sea adecuado para el perfil de riesgo y para la complejidad de su cartera de acciones. Las entidades con participaciones significativas con valores de **naturaleza altamente no lineal** (por ejemplo, **derivados de renta variable, convertibles**), deben emplear un modelo interno diseñado para captar adecuadamente los riesgos asociados a dichos instrumentos.

Basilea II y III Sección 203

Para la **cobertura**, deben tenerse en cuenta **las opciones integradas** que pueden reducir el plazo de la **cobertura** para que se utilice al vencimiento efectivo más corto posible. Cuando una **opción de compra** esté a discreción del **vendedor de protección**, el vencimiento siempre será en la fecha de la primera **opción de compra**. Si la demanda es a discreción del banco comprador de la protección, pero los términos del acuerdo al inicio de la **cobertura**

Gráfico 3.18: Modelación de Derivados OTC y Convertibles Exóticos Basilea III y Basilea IV

Riesgo de Tipo de Cambio

Hedging Foreign Exchange Exposure with Currency Options

Months	Jan	Feb	Mar	April	May
FX Spot Rate (HKD/USD)	7.80	7.40	7.60	7.30	7.10
FX Strike Rate (HKD/USD)	7.80	7.80	7.80	7.80	7.80
Maturity (Years)	0.5833	0.5000	0.4167	0.3333	0.2500
Risk Free Rate US	6.08%	6.08%	6.08%	6.08%	6.08%
Risk Free Rate HK	5.06%	5.06%	5.06%	5.06%	5.06%
Volatility	15.00%	15.00%	15.00%	15.00%	15.00%
Quantity of Options Hedge Position	10,000,000	10,000,000	10,000,000	10,000,000	10,000,000
Currency Put Option Value (HKD/USD)	0.3229	0.5191	0.3795	0.5533	0.7012
Market Value of Hedge	3,229,135	5,191,009	3,794,813	5,532,845	7,012,229
Intrinsic Value	0	4,000,000	2,000,000	5,000,000	7,000,000
Time Value	3,229,135	1,191,009	1,794,813	532,845	12,229

FINANCIAL STATEMENTS IMPACTS - MARK TO MARKET
Balance Sheet (in 000's)

	Jan	Feb	Mar	April	May
Option Contract	3,229,135	5,191,009	3,794,813	5,532,845	7,012,229
Other Comp Income (SE)		4,000,000	2,000,000	5,000,000	7,000,000

Income Statement (in 000's)

Hedge Effectiveness gain or loss per period	(2,035,126)				
Hedge Effectiveness sum of all periods		663,605	(1,261,969)	(520,615)
Market Cost of Hedge (Current Period)					
Income from Option Exercise					
Net Valuation of Hedging					
Income from Hedging					
Income from No Hedge					
Loss Distribution from Hedging					
Loss Distribution from No Hedge					

EQUITY LINKED FOREIGN EXCHANGE OPTIONS IN DOMESTIC CURRENCY

Input Assumptions

Fixed Exchange Rate	1.50
Asset Price	$70.00
Strike Price	1.25
Maturity	0.50
Domestic Risk Free Rate	5.00%
Foreign Risk Free	6.00%
Dividend Rate	1.00%
Volatility of Asset	25.00%
Volatility of Currency	15.00%
Correlation	0.25

Foreign Equity Linked Call Option	$17.5633
Foreign Equity Linked Put Option	$0.1777

Equity Linked Foreign Exchange Options are options whose underlying asset is in a foreign equity market, and the option holder can hedge the fluctuations of the foreign exchange risk by having a strike price on the foreign exchange rate. The resulting valuation is in the domestic currency.

Foreign Exchange Rate Hedged at 0.98 (Simulation Results)

Basilea II y III Sección 131: Además, donde la exposición y la garantía se mantienen en **diferentes monedas**, se debe hacer un ajuste adicional a la baja en el monto de la garantía ajustada por volatilidad y tener en cuenta las **posibles fluctuaciones futuras en los tipos de cambio**.

Basilea II y III Sección 155. Los bancos deben estimar individualmente la **volatilidad** del instrumento de garantía o del desfase de **divisas**; las **volatilidades** estimadas para cada transacción no deben tener en cuenta las correlaciones entre la exposición no garantizada, la garantía real y **los tipos de cambio**.

Gráfico 3.19: Modelación de Fluctuaciones de Divisas Basilea III y Basilea IV

Derivados crediticios

OPTIONS ADJUSTED SPREAD WITH YIELD CURVE AND VOLATILITY TERM STRUCTURE

Face Value	$100.00	Coupon Per Period	$2.50
Maturity	4	Market Price of Debt	$100.00
Total Steps	8	Callable Price	$101.00
		Callable Step	6

Delta T	0.5000
Straight Spread	0.0000%
Callable Spread	0.0000%

Modeling Toolkit Functions:
2.3387%
2.3896%

Compute Spreads

Certain types of debt come with an option-embedded provision, for instance, a bond might be callable if the market price exceeds ... it more profitable for the issuing company to call this debt and reissue new ones at the lower rate of prepayment although ... compute the option adjusted spread, i.e. the additional premium that should be charged on the option provision You can enter ...

Interest Rates (Yields)	2.60%	2.60%	2.60%	2.60%	2.60%	2.60%	2.60%	2.60%
Interest Volatilities	N/A	20.00%	20.00%	20.00%	20.00%	20.00%	20.00%	20.00%
Steps	0	1	2	3	4	5	6	7

Short Rate Lattice

0	1	2	3	4	5	6	7
2.60%	3.14%	3.46%	3.80%	4.19%	4.61%	5.07%	
	2.34%	2.57%	2.83%	3.11%	3.43%	3.77%	4.15%
		2.11%	2.32%	2.55%	2.81%	3.09%	3.40%
			1.90%	2.09%	2.30%	2.53%	2.79%
				1.71%	1.88%	2.07%	2.28%
					1.54%	1.69%	1.87%
						1.39%	1.53%
							1.25%

Straight — Using Function: 110.06

Price Lattice

0	1	2	3	4	5	6	7
110.06	107.95	106.91	104.26	102.73	101.45	100.48	99.87
	110.04	108.00	106.13	104.43	102.95	101.72	100.78
		109.56	107.68	105.85	104.19	102.74	101.15
			108.97	107.02	105.22	103.59	102.15
				107.99	106.07	104.29	102.66
					107.99	104.85	103.08
						105.34	103.43
							103.71

Callable Debt — Using Function: 110.03

Price Lattice

0	1	2	3	4	5	6	7
110.03	108.25	106.63	105.15	103.77	102.32	100.48	99.87
	109.58	108.00	106.48	105.21	104.20	103.50	100.78

CREDIT DEFAULT SWAP (CDS) SPREADS

Real Options Valuation
www.realoptionsvaluation.com

Input Assumptions

Bond Yield	7.00%
Annual Coupon Rate	10.00%
Coupon Payments Per Year	2
Risk-free Yield	5.00%
Recovery Rate at Default	60.00%

Credit Default Swap Spread   1.7690%

A credit default swap or CDS which allows the holder of the instrument to sell a bond or debt at par value when a credit event or default occurs. This model computes the valuation of the CDS spread. A CDS does not protect against movements of the credit spread (only a credit spread option can do that), but

CREDIT SPREAD OPTIONS (CSO)

Input Assumptions

Credit Spread	3.00%
Strike Spread	2.90%
Duration (Spread to Currency Conversion Rate)	1000.00
Probability of Default	2.50%
Maturity	1.00
Risk-free Rate	5.00%
Volatility	25.00%

Credit Spread Call Option	$3.2102
Credit Spread Put Option	$2.2828

B2CreditSpreadCallOption
B2CreditSpreadPutOption

Forward Asset Price at Maturity	$1,000.00
Strike Price	$990.00
Probability of Default	2.50%
Maturity	1.00
Risk-free Rate	5.00%
Volatility	25.00%

Credit Asset Spread Call Option	$141.6406
Credit Asset Spread Put Option	$48.8957

Credit spread options or CSO are exotic options where the payoff depends on a credit spread or the price of the underlying asset that is sensitive to interest rate movements such as floating of inverse floating rate notes and debt. A CSO call provides a return to the holder if the prevailing reference credit spread exceeds the predetermined strike rate, and the duration input variable is used to translate the percentage spread into a notional currency amount. The CSO expires when there is a credit default event

CSO can only protect against any movements in the reference spread and not a default event. Only a credit default swap (CDS) can do that. Typically, to hedge against defaults and spread movements, both CDS and CDO are used. In some cases, when the CSO covers a reference entity's underlying asset value and not the spread itself, the credit asset spread options are used instead

---

Basilea II y III Sección 140: Cuando las garantías o los **derivados crediticios** son directos, explícitos, irrevocables e incondicionales, y los supervisores están convencidos de que los bancos cumplen ciertas condiciones operativas mínimas relacionadas con los procesos de gestión de riesgos, podrán permitir que los bancos tengan en cuenta dicha **protección del crédito al calcular los requisitos de capital.**

Basilea II y III Sección 713: Costos de capital de riesgo específicos para posiciones cubiertas por derivados de crédito... Se permitirá sin restricción cuando el valor de los dos lados de la operación, (es decir, largo y corto) vaya siempre en direcciones opuestas y, básicamente, en la misma medida.

Gráfico 3.20: Derivados de Crédito y Cobertura en Basilea III y Basilea IV

A continuación hay un resumen del cumplimiento con el Marco Integrado de ERM de COSO al utilizar la metodología IRM:

- El Gráfico 3.21 muestra la pestaña del módulo de Registro de Riesgos de PEAT ERM en dónde están los costos y beneficios de la mitigación (riesgos brutos reducidos a niveles de riesgo residual), las medidas de probabilidad e impacto y los *spreads* con niveles de precisión variable que están listos para una simulación de riesgos de Monte Carlo, de conformidad con las Secciones 5 y 6 del Marco COSO ERM.

- El Gráfico 3.22 exhibe el módulo PEAT ERM en donde la probabilidad e impacto se generan dentro de un mapa de riesgos, de conformidad con la Imagen COSO AT (Imagen 5.13).

- El Gráfico 3.23 muestra el cumplimiento de COSO AT (Imagen 6.5) y la Sección 6 del Marco Integrado de COSO ERM, en donde se calculan el portafolio y la unidad de negocios, el departamento y los riesgos brutos y residuales de las áreas funcionales de toda la entidad.

- El Gráfico 3.24, es una muestra de los informes de los Tableros de Riesgo, y del cumplimiento de COSO (Imagen 6.5 y la Sección 6 del Marco Integrado COSO ERM), en donde se calculan y comparan entre sí, el portafolio y la unidad de negocios, el departamento y los riesgos residuales y brutos de las áreas funcionales de toda la entidad.

- El Gráfico 3.25 exhibe el modelo de frontera eficiente del módulo PEAT DCF, consistente con la COSO (Imagen 3.7), que requiere un análisis de la inversión de capital en relación con los retornos dentro de un portafolio diversificado (optimizado).

- El Gráfico 3.26 muestra los resultados simulados del módulo de PEAT ERM y DCF, en donde se pueden obtener el Valor en Riesgo, los percentiles y las probabilidades estadísticas, de conformidad con la Imagen COSO (Imagen 5.5), que requiere de un rango de resultados basados en supuestos de distribución y la Imagen 5.2 del Marco Integrado de

COSO ERM que requiere resultados históricos o simulados de comportamientos futuros bajo modelos probabilísticos.

- El Gráfico 3.27 muestra la conformidad con la COSO (Imagen 3.1) que requiere el uso de modelación de escenarios y pruebas de estrés.

- El Gráfico 3.28 muestra el módulo CMOL en PEAT en dónde se llevan a cabo los análisis de escenarios, las pruebas de estrés y los análisis de brechas, de conformidad con la COSO (Imagen 5.10), para complementar los modelos probabilísticos.

- El Gráfico 3.29 muestra la conformidad con COSO (Imágenes 5.8 y 5.9), que requieren la modelación de las distribuciones operacionales y de pérdidas crediticias con las simulaciones de *back-testing* o históricas, el análisis de sensibilidad, y los cálculos del Valor en Riesgo.

Archivo Editar Idioma (Language) Decimales Ayuda

Bienvenido a ROV Project Economics Analysis Tool (PEAT). El módulo ERM ayuda a Gestionar el Riesgo Empresarial a partir del diseño y modelado del Registro de Riesgos. Los resultados se presentan en Cuadros de Mando de Riesgo y se puede segmentar por: geografía, operaciones, productos, actividades y departamentos. Se puede agregar detalles adicionales como eventos de riesgo, compromisos y diagramas de riesgo. También se puede realizar análisis estadístico sobre los controles de riesgo, pronósticos y mitigación. El análisis de sensibilidad dinámico y la Simulación de Monte Carlo también se puede aplicar a varios niveles de riesgo, tanto diversificable como no diversificable y a cada nivel de costo.

ERM   Analítica Aplicadas   Simulación de Riesgo   Centro de Conocimiento

Configuración Riesgo Registro Riesgo Tablero Riesgo Eventos de Riesgo Riesgo Engagement Diagramas Riesgo Controles Riesgo Pronósticos Riesgo Mitigación Riesgo

Nombre Elemento de Riesgo: Reelaboración, ampliación del alcan

Archivo/Nombre Corto: Reelaboración

Causas del Riesgo: El cliente sigue cambiando las especificaciones

Consecuencias del Riesgo: El reprocesamiento, el desplazamiento del alcance y los requisitos siguen cambiando con el

Respuesta Mitigación de Riesgo: El contrato debe especificar la fecha límite para la congelación de especificaciones

Estado: Activo   Buscar: Seleccione Categoría Riesgo:

Plan de Acción (Doc): Asignado a: JJSmith   Competencia

Entradas Requeridos
Probabilidad de Riesgo (L):
Impacto del Riesgo (I):

Control de Riesgos 1 ... % Peso 60%
Control de Riesgos 2 ... 30%
Control de Riesgos 3 ... 10%
Total ... 100%

Entradas Opcionales
Nivel de riesgo total ($): Min 125,000 Probable 155,000 Max 175,000
Nivel de Riesgo Residual ($): 55,000 65,000 80,000
Costo Mitigación($): ($) 5,000 7,000 8,000

Fechas Claves Riesgo:
Creado 03/14/2014
Actualizado 10/26/2015
Fecha 05/14/2014   % Completo

% Peso 60% 100%
30% 0%
10% 0%
100% 60%

Nombre: Proyecto DGS728
Nuevo RR   Guardar Registros Riesgo
Guardar como RR   Proyecto DGS728
Editar RR   Presentación del CEO
Guardar RR   Proyecto MM65S328
Eliminar RR
Importar RR

Crear Nuevo   Eliminar elemento
Guardar Cambios   Reporte

La exposición de riesgo ($) ($) ($)

?	Riesgo Registro	CATEG.	GOPAD	DIV.	Crear	Editar	Esperando	Total Bruto L	KRI I	KRI L	KRI I	Residual Neto L	I	KRI	Gerente	% OK	Bruto	Actual	Residual	Costo	Doc
1	Reelabor...	Compet...	P-Dublin	EEUU	3/14/2014	10/28/2019	5/14/2014	4	5	KRI 20	3	3	9	JSmith	60%	155,000	127,000	65,000	7,000	
0001	Causa: El cliente sigue cambiando las especificaciones						El reprocesamiento, el desplazamiento del alcance y los requisitos siguen cambiando													
2	Ofertas ...	Compet...	P-Dublin	EEUU	3/14/2014	10/28/2019	5/14/2014	8	8	64	5	6	30	JCannon	50%	325,000	357,500	195,000	75,000	
0002	Causa: Múltiples competidores están mirando esto						Podría perder la ofert													
3	Sobrecos...	Costo	D-Finance	EEUU	3/14/2014	10/28/2019	5/14/2014	4	4					MitigacL...						
0003	Causa: Falta de materias primas y retrasos en los proveedores.						Tiempo de espera ad													
4	Costos b...	Costo	D-Finance	EEUU	3/14/2014	10/28/2019	5/14/2014	4	5					MitigacL...						

Marco Integrado COSO-ERM. Sección 5: Riesgo inherente y residual.
La gerencia considera tanto el riesgo inherente (riesgo bruto) como el riesgo residual. El riesgo inherente es el riesgo para una entidad en ausencia de cualquier acción que la gerencia pueda tomar para alterar ya sea la probabilidad, como el impacto del riesgo. El riesgo residual es aquel que permanece después de la respuesta de la gerencia frente al riesgo. La evaluación de riesgos se aplica primero a los riesgos inherentes. Una vez que se han desarrollado las respuestas al riesgo, la gerencia considera el riesgo residual

Marco Integrado COSO-ERM. Sección 6: Evaluación de Costos versus Beneficios: Los recursos siempre tienen limitaciones, y las entidades deben considerar los costos y beneficios relativos de las opciones alternativas de respuesta al riesgo. Las mediciones de costo y beneficio para la implementación de las respuestas a los riesgos se realizan con diferentes niveles de precisión [es decir, derivados y simulación].

Marco Integrado COSO-ERM. Sección 5: Estimación de probabilidad e impacto: La incertidumbre de los eventos potenciales se evalúa desde dos perspectivas: probabilidad e impacto. La probabilidad representa la posibilidad de que ocurra un evento, mientras que el impacto representa su efecto. La probabilidad y el impacto son términos de uso común, aunque algunas entidades usan términos como probabilidad y severidad, gravedad o consecuencia.

Gráfico 3.21: Marco Integrado de PEAT ERM y COSO

[EXAMPLE] - ROV PROJECT ECONOMICS ANALYSIS TOOL — □ ×

Archivo Editar Idioma (Language) Decimales Ayuda

Bienvenido a ROV Project Economics Analysis Tool (PEAT). El módulo GRE ayuda a Gestionar el Riesgo Empresarial a partir del diseño y modelado del Registro de Riesgos. Los resultados se presentan en Cuadros de Mando de Riesgo y se puede segmentar por: geografía, operaciones, productos, actividades y departamentos. Se puede agregar detalles adicionales como eventos de riesgo, compromisos y diagramas de riesgo. También se puede realizar análisis estadístico sobre los controles de riesgo, pronósticos y mitigación. El análisis de sensibilidad dinámico y la Simulación de Monte Carlo también se puede aplicar a varios niveles de riesgo, tanto diversificable como no diversificable y a cada nivel de costo.

ERM   Analítica Aplicadas   Simulación de Riesgo   Centro de Conocimiento

Configuración Riesgo Registro Riesgo Tablero Riesgo Eventos de Riesgo Riesgo Engagement Diagramas Riesgo Controles Riesgo Pronósticos Riesgo Mitigación Riesgo

Seleccione la categoría de riesgo a mostrar y luego haga click en cada una de las siguientes subpestañas para ver diferentes tableros.

Visto por: ● Mostrar todo
Sobre la Proyecto DG5728: Nivel de riesgo total
☑ Mostrar sólo Riesgos Activos   ☑ Ignorar Duplicados

○ Categoría Riesgo: ○ G.O.P.A.D.:   ○ División:
Seleccionar Categoría... Seleccionar G.O.P.A.D... Seleccionar División...
○ Manager:
Seleccionar Manager...

Seleccionar Fechas:
● Mostrar todo   ○ Periodo: 10/30/2019 to 10/30/2019
○ Personalizar:

Base Fecha de Creación
Año actual   to 10/30/2019

Report

Elementos de Riesgo Mapa Riesgo Grupos de Riesgo Taxonomía Riesgo Inventario Riesgo Exposición Riesgo Probabilidad de Riesgo

Conteo Indicadores de Riesgo Claves (KRI): Mapa de calor

Impacto del Riesgo

Extremadament_   2   1   2   5
Alto significativo   0
Muy alto   3   2   5
Alto   0
Por encima del ...   0
Promedio   0
Debajo del pro...   0
Bajo   0
Muy bajo   0
No existe   10

10% 20% 30% 40% 50% 60% 70% 80% 90% 95%
 0   5   1   2   0   0   0   0   2   0   0

Probabilidad de Riesgo

0 Riesgo Bajo
3 Riesgo Moderado
3 Riesgo Significativo
2 Riesgo Muy Alto
2 Riesgo Crítico

COSO – Aplicaciones técnicas, Anexo 5.13: Mapas de Riesgos. Un **mapa de riesgos** es una representación gráfica de la **probabilidad y el impacto** de uno o más riesgos. Los mapas de riesgo pueden tomar la forma de mapas de calor o gráficos de procesos que trazan estimaciones cuantitativas o cualitativas de la probabilidad y el impacto del riesgo.

Gráfico 3.22: PEAT ERM Mapa de Calor y Matriz de Riesgo

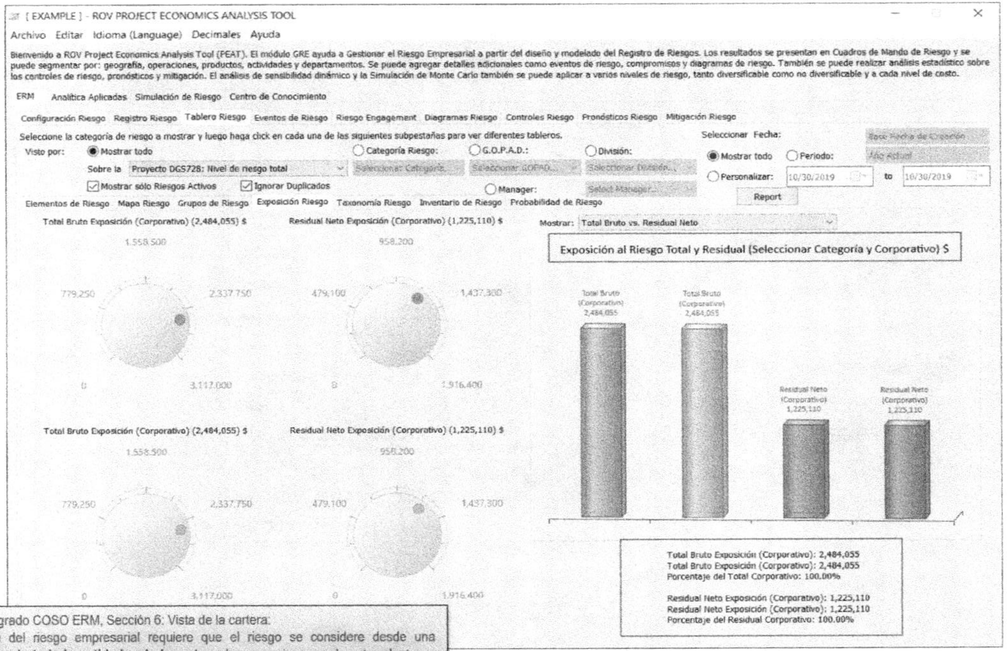

Gráfico 3.23: PEAT ERM Visión del Portafolio Corporativo sobre el Riesgo Bruto y el Residual

COSO - Aplicaciones técnicas., Anexo 6.5: Vista de la Cartera de Riesgo Residual:
Con respecto al riesgo de cada una de las unidades, la alta gerencia de una empresa está bien posicionada para adoptar una perspectiva de cartera, a fin de determinar si el perfil de riesgo residual de la entidad es proporcional a su inclinación general al riesgo en relación con sus objetivos.

Marco Integrado COSO ERM, Sección 6, Vista de la cartera:
La gestión del riesgo empresarial requiere que el riesgo se considere desde una **perspectiva de toda la entidad o de la cartera**. La gerencia generalmente adopta un enfoque en el que primero se considera el riesgo **para cada unidad de negocio, departamento o función**, el gerente responsable debe desarrollar una **evaluación compuesta de los riesgos para la unidad** que refleje el perfil de riesgo residual de la unidad en relación con sus objetivos y tolerancias al riesgo.

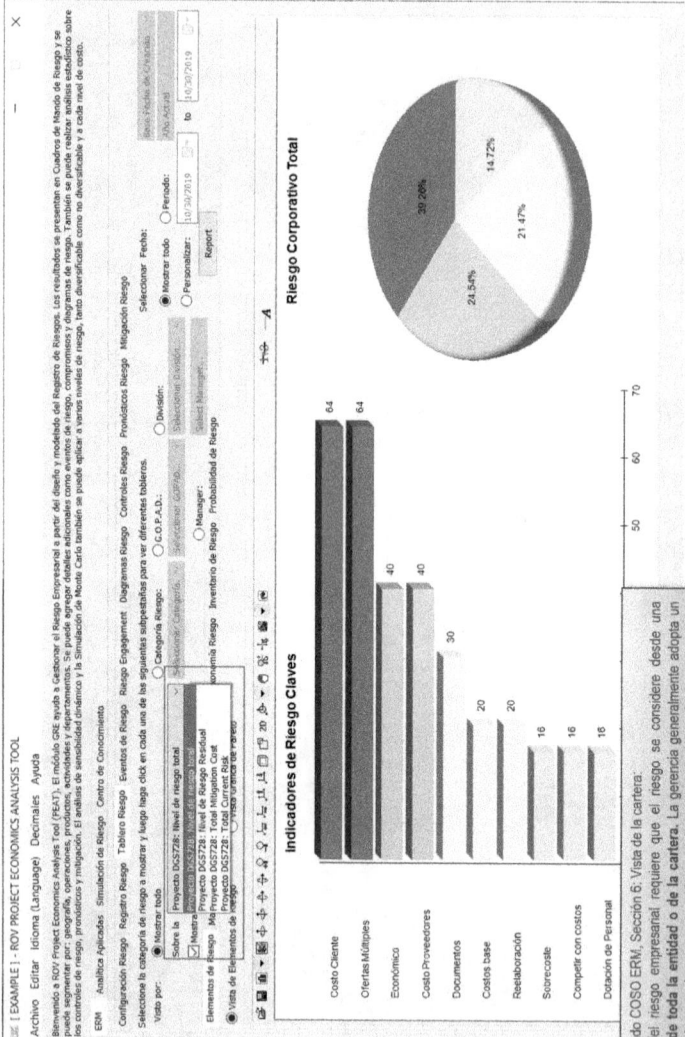

[EXAMPLE] - ROV PROJECT ECONOMICS ANALYSIS TOOL

Archivo Editar Idioma (Language) Decimales Ayuda

Bienvenido a ROV Project Economics Analysis Tool ('PEAT'). El módulo GRE ayuda a Gestionar el Riesgo Empresarial a partir del diseño y modelado del Registro de Riesgos. Los resultados se presentan en Cuadros de Mando de Riesgo y se puede segmentar por: geografía, operaciones, productos, actividades y departamentos. Se puede agregar detalles adicionales como eventos de riesgo, compromisos y diagramas de riesgo. También se puede realizar análisis estadístico sobre los controles de riesgo, pronósticos y mitigación. El análisis de sensibilidad dinámica y la Simulación de Monte Carlo también se puede aplicar a varios niveles de riesgo, tanto diversificable como no diversificable y a cada nivel de costo.

ERM   Analítica Aplicadas   Simulación de Riesgo   Centro de Conocimiento

Configuración Riesgo Registro Riesgo Tablero Riesgo Eventos de Riesgo Riesgo Engagement Diagramas Riesgo Controles Riesgo Pronósticos Riesgo Mitigación Riesgo

Indicadores de Riesgo Claves

Riesgo Corporativo Total

Costo Cliente — 64
Ofertas Múltiples — 64
Económico — 40
Costo Proveedores — 40
Documentos — 30
Costos base — 20
Reelaboración — 20
Sobrecoste — 16
Compartir con costos — 16
Dotación de Personal — 16

50   60   70

29.26%   24.54%   21.47%   14.72%

Marco Integrado COSO ERM, Sección 6: Vista de la cartera.
La gestión del riesgo empresarial requiere que el riesgo se considere desde una perspectiva de toda la entidad o de la cartera. La gerencia generalmente adopta un enfoque en el que primero se considera el riesgo para cada unidad de negocio, departamento o función, con el gerente responsable desarrollando una evaluación compuesta de los riesgos para la unidad que refleja el perfil de riesgo residual de la unidad en relación con sus objetivos y tolerancias al riesgo.

COSO - Aplicaciones técnicas, Anexo 6.5: Vista de la Cartera de Riesgo Residual. Con respecto al riesgo de cada una de las unidades, la alta gerencia de una empresa está bien posicionada para adoptar una perspectiva de cartera, a fin de determinar si el perfil de riesgo residual de la entidad es proporcional a su inclinación general al riesgo en relación con sus objetivos.

Gráfico 3.24: PEAT ERM Visión del Departamento, Unidad de Negocios, Función, y Portafolio

Archivo   Editar   Proyecto   Reporte   Herramientas   Idioma (Language)   Decimales   Ayuda

Bienvenido a ROV Project Economics Analysis Tool (PEAT). Este módulo permite establecer una serie de proyectos u opciones de inversión de capital, modelar flujos de caja, simular riesgos, y desarrollar analítica avanzada. También podrá realizar pronósticos de series de tiempo y optimizar portafolios de inversión sujeto a un presupuesto como también a otras restricciones.

Flujo de Caja Descontado   Analítica Aplicadas   Simulación de Riesgo   Estrategia de Opciones   Valoración de Opciones   Pronóstico   Optimización de Portafolio   Tablero de Comandos   Centro de Conocimiento

Ajustes de Optimización   Resultados de Optimización   Configuración Avanzada de la Optimización

Risk Optimizer Report: Date Wed Oct 30 10:16:29 2019 Runtime: 5.4 seconds

Problem Title: PEAT Portfolio Optimization

Problem Parameters:

Number of Variables   10
Number of Functions   2
Objective function will be MAXimized

Functions:

Starting Values

No.	Function Name	Status	Type	Initial Value	Lower Bound	Upper Bound
1	G		RNGE	1.97852e+006	-1.79769e+308	
2	G		OBJ	2.20435e+006		2e+006

Variables:

No.	Variable Name	Status		Initial Value	Lower Bound	Upper Bound

Chart Type: Standard 2D Line

☐ Ver Valores en la gráfica

La Optimización ha sido Completada. Optimizar el Tiempo: 6s.

Función Objetivo	2,204,350	3,499,733	4,122,878	4,735,931	4,772,100
Variable de Frontera	2,000,000	2,500,000	3,000,000	3,500,000	4,000,000
Restricción Optimizada	1,978,818	2,452,000	2,969,091	3,475,133	3,623,737
Option1	1	1	0	1	1
Option2	0	1	1	1	1
Option3	1	0	0	1	1
Option4	1	1	0	1	1
Option5	1	1	1	1	1
Option6	0	0	0	0	1
Option7	0	0	1	1	1
Option8	1	1	1	0	0
Option9	0	0	0	0	1
Option10	0	0	0	1	1

COSO - Aplicaciones técnicas, Anexo 3.7: Frontera Eficiente: El análisis ilustra cómo una empresa ve el **capital en riesgo frente a la rentabilidad en relación con la inclinación al riesgo**. La compañía se esfuerza por diversificar su cartera para obtener un rendimiento que se ajuste al perfil del objetivo.

Investment Efficient Frontier Variable

Gráfico 3.25: PEAT DCF Módulo de Optimización de Portafolio y Frontera Eficiente

COSO - Aplicaciones técnicas. Anexo 5.5: Valor en Riesgo:

Los modelos de **valor en riesgo (VaR)** se basan en supuestos de distribución sobre el cambio en el valor de un artículo o grupo de artículos, que no se espera que se exceda con un determinado nivel de confianza durante un período de tiempo definido. Estos modelos se utilizan para estimar **rangos extremos de cambio de valor** que se espera que ocurran con poca frecuencia, tales como el nivel estimado de pérdida que no se esperaría que se exceda con **una confianza del 95% o 99%**.

Marco Integrado de COSO-ERM, Anexo 5.2: Modelos Probabilísticos:

Los **modelos probabilísticos** asocian un rango de eventos y el impacto resultante con la probabilidad de esos eventos **basados en ciertos supuestos**. La probabilidad y el impacto se evalúan sobre la base de **datos históricos o resultados simulados que reflejan supuestos de comportamiento futuro**. Ejemplos de modelos probabilísticos incluyen valor en riesgo, flujo de caja en riesgo, ganancias en riesgo y desarrollo de distribuciones de crédito y pérdidas operativas.

COSO - Aplicaciones técnicas, Anexo 5.5: Modelos de Probabilidad Cuantitativa:

Las técnicas basadas en la probabilidad miden la probabilidad y el impacto de una **serie de resultados basados en supuestos de distribución** del comportamiento de los eventos.

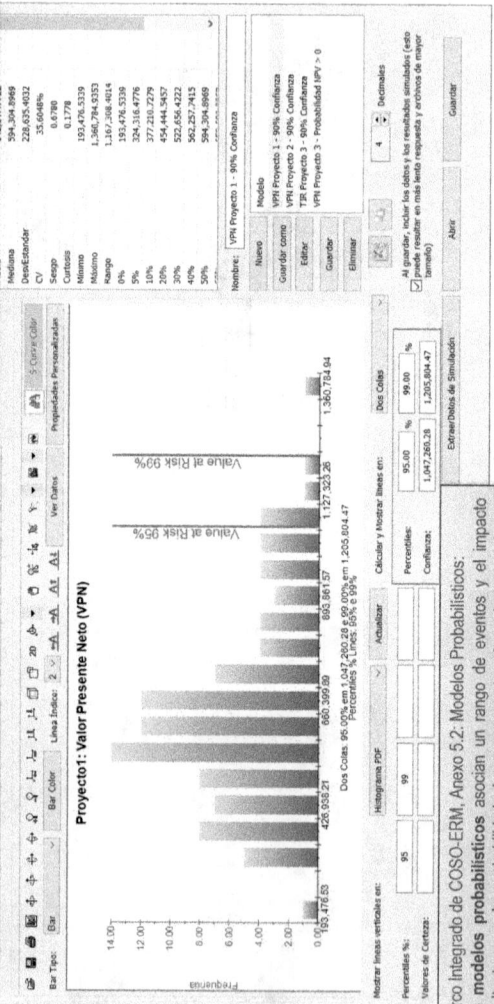

Gráfico 3.26: PEAT ERM y Módulo DCF de Simulación de Riesgo y Valor en Riesgo

[EXAMPLE] - ROV PROJECT ECONOMICS ANALYSIS TOOL

Archivo Editar Proyecto Reporte Herramientas Idioma (Language) Decimales Ayuda

Bienvenido a ROV Project Economics Analysis Tool (PEAT). Este módulo permite establecer una serie de proyectos u opciones de inversión de capital, modelar flujos de caja, simular riesgos, y desarrollar analítica avanzada. También podrá realizar pronósticos de series de tiempo y optimizar portafolios de inversión sujeto a un presupuesto como también a otras restricciones.

Flujo de Caja Descontado Analítica Aplicadas Simulación de Riesgo Estrategia de Opciones Valoración de Opciones Pronóstico Optimización de Portafolio Tablero de Comandos Centro de Conocimiento

Tornado Estático Análisis de Escenarios

1. Configuración de Escenarios 2. Tabla de Resultados de Escenarios ("Sweetspots")

Seleccionar uno de los escenarios guardados para correr la tabla de escenarios. En el caso de que usted haga cambios en las entradas y configuraciones, recuerde hacer clic en Actualizar para refrescar manualmente la tabla de escenarios.

Seleccionar el Escenario Guardado para Calcular: Ingresos x tasa de descuento 1

Mostrar resultados con   0   decimales   La Tabla de Escenario es para: Proyecto1: Valor Presente Neto (VPN)

NOTA: La variable Fila (horizontal) es   Ingresos I Ingresos de ventas (globales)   y la variable Columna (vertical) es   DCF I Tasa de Descuento %

	20.00%	21.00%	22.00%	23.00%	24.00%	25.00%	26.00%	27.00%	28.00%	29.00%	30.00%	31.00%	32.00%	33.00%	34.00%	35.00%	36.00%	37.00%	38.00%
5,720,563	120,704	99,179	79,617	61,782	45,473	30,515	16,759	4,074.7											
5,750,671	124,096	102,388	82,660	64,674	48,225	33,139	19,264	6,469.9											
5,780,779	127,488	105,598	85,704	67,565	50,977	35,762	21,769	8,865.1											
5,810,888	130,880	108,808	88,748	70,457	53,729	38,386	24,274	11,260											
5,840,996	134,271	112,018	91,791	73,348	56,481	41,009	26,779	13,656	1,523.6										
5,871,104	137,663	115,227	94,835	76,240	59,233	43,633	29,284	16,051	3,817.0										
5,901,212	141,055	118,437	97,878	79,132	61,985	46,256	31,789	18,446	6,110.4										
5,931,320	144,447	121,647	100,922	82,023	64,737	48,880	34,294	20,841	8,403.9										
5,961,429	147,839	124,857	103,966	84,915	67,489	51,503	36,798	23,236	10,697										
5,991,537	151,230	128,066	107,009	87,806	70,241	54,127	39,303	25,632	12,991	1,275.3									
6,021,645	154,622	131,276	110,053	90,698	72,993	56,750	41,808	28,027	15,284	3,474.1									
6,051,753	158,014	134,486	113,097	93,590	75,745	59,374	44,313	30,422	17,578	5,672.9									
6,081,862	161,406	137,696	116,140	96,481	78,497	61,997	46,818	32,817	19,871	7,871.7									
6,111,970	164,798	140,905	119,184	99,373	81,249	64,621	49,323	35,213	22,164	10,071									

Actualizar   Ver Cuadrícula

COSO - Aplicaciones técnicas, Anexo 3.1: Escenarios, Pruebas de estrés, Modelado

Utilizando el **análisis de escenarios, modelado y pruebas de estrés**, la gerencia comparó los resultados de cada opción en relación con el impacto en el rendimiento del capital empleado. La gerencia identificó la distribución de los resultados de rendimiento potencial.

Gráfico 3.27: PEAT ERM y DCF del Módulo de Análisis de Escenario y Regiones del Mapa de Calor

Riesgo de Crédito (ERC)　Riesgo de Mercado　**Gestión de Activos y Pasivos**　Modelos Analíticos　Riesgo Operativo　Tabla de Instrumentos KRI

Riesgo de Tasas de Interés　**Riesgo de Liquidez**

Supuestos de Entrada　**Análisis de Escenarios**　Pruebas de Stress　Análisis Gap　Gráficos

ACTIVOS	Mes 1	Mes 2	Mes 3	Mes 4	Mes 5	Mes 6	Mes 7	Mes 8	Mes 9	Mes 10	Mes 11	Mes 12
Mes												
PRESTAMOS												
Available	21.95%	2.13%	13.32%	23.54%	-2.51%	-22.69%	13.12%	-10.69%	0.72%	2.00%	-6.20%	6.96%
Individual Firm Notes	-8.26%	-2.88%	-0.95%	0.38%	4.32%	2.87%	1.44%	1.99%	-0.95%	4.75%	-1.76%	-1.72%
Discounted Notes	-8.26%	-2.88%	-0.95%	0.38%	4.32%	2.87%	1.44%	1.99%	-0.95%	4.75%	-1.76%	-1.72%
Mortgages	0.39%	0.47%	0.05%	-0.23%	-0.22%	-0.41%	-0.52%	-0.82%	-1.01%	-0.97%	-0.80%	-0.83%
Pledges	-0.05%	2.52%	-1.79%	-1.82%	-3.76%	-3.17%	-4.79%	-3.62%	-3.47%	-3.51%	-4.03%	-3.43%
Cards	7.92%	0.27%	7.46%	-4.09%	10.82%	3.96%	9.76%	-2.48%	-0.16%	1.20%	17.39%	0.69%

Aplicaciones técnicas COSO, Anexo 5.10: Pruebas de escenarios y pruebas de estrés

El análisis de escenarios evalúa el efecto sobre un objetivo de uno o más eventos. **Las pruebas de estrés** evalúan el impacto de los eventos que tienen un impacto extremo. La prueba de estrés difiere del análisis de escenarios en que se enfoca en el impacto directo de un cambio en un solo evento o actividad en circunstancias extremas, en lugar de enfocarse en cambios en una escala más normal como en el análisis de escenarios. La prueba de estrés generalmente se usa como **complemento de las medidas probabilísticas** para examinar los resultados de eventos de baja probabilidad y alto impacto que podrían no ser capturados adecuadamente por los supuestos de distribución utilizados con las técnicas probabilísticas.

PASIVOS	Mes 1	Mes 2	Mes 3	Mes 4	Mes 5	Mes 6	Mes 7	Mes 8	Mes 9	Mes 10	Mes 11	Mes 12
Mes												
DEPOSITOS REGULARES												
Public Sector	41.75%	-19.84%	-1.39%	10.22%	-7.67%	8.14%	-12.88%	7.85%	-2.84%	-10.50%	0.49%	15.82%
Private Sector	17.24%	-8.16%	-0.32%	3.79%	-4.86%	3.87%	-1.05%	3.97%	-2.46%	-6.84%	1.63%	7.83%
DEPOSITOS A PLAZO												
Public Sector	-21.17%	19.94%	-0.78%	-22.00%	2.69%	-6.38%	27.78%	16.77%	5.27%	-0.56%	1.08%	3.30%
Private Sector	-2.21%	13.10%	2.77%	-3.29%	-1.98%	4.76%	-2.33%	8.35%	4.63%	-1.24%	0.45%	-0.22%

Seleccionar el Análisis del Conjunto de Datos:

Sample Dataset

- ◉ Introducir Escenarios Utilizando Cambios %
- ○ Introducir Escenarios Usando Valores Actuales

< >

Agregar Escenarios
Scenario 1

Lista de Escenarios Guardados:　Guardar Como

Escenario
Scenario 1
Scenario 2

Nuevo　　Borrar

Editar　　Guardar

Gráfico 3.28: Módulo CMOL de Análisis de Escenario y Pruebas de Estrés

Riesgo de Crédito (ERC) **Riesgo de Mercado** Gestión de Activos y Pasivos Modelos Analíticos Riesgo Operativo Tabla de Instrumentos KRI

Datos de Mercado **Valor en Riesgo** VaR de Banca Central Resultados Visuales

Horizonte	Valor en Riesgo Bruto (VaR)		VaR por Simulación Histórica Interna 99.00%				VaR por Simulación Histórica Interna 95.00%			
	VaR 99.00%	VaR 95.00%	Valores Totales	Sólo Bonos	Sólo Monedas	Shares Only	Valores Totales	Sólo Bonos	Sólo Monedas	Shares Only
1 Día	2,679,921	1,894,849	1,784,836	1,817,804	55,871	0	1,352,838	1,348,769	38,157	0
5 Día	5,992,486	4,237,012	3,991,015	4,064,733	124,932	0	3,025,037	3,015,939	85,323	0
10 Día	8,474,655	5,992,040	5,644,147	5,748,400	176,681	0	4,278,049	4,265,182	120,665	0

Posiciones Activas y Detalles

Activos	Volatilidad Diaria	Posición Actual	Peso Actual	99.00% VaR 1 Día	99.00% VaR 5 Día	99.00% VaR 10 Día	95.00% VaR 1 Día	95.00% VaR 5 Día	95.00% VaR 10 Día
Asset 1	1.06%	26,073,072	30.65%	643,403	1,438,693	2,034,620	454,921	1,017,234	1,438,586
Asset 2	2.61%	3,187,500	3.75%	193,273	432,173	611,184	136,655	305,569	432,140
Asset 3	1.50%	28,710,170	33.75%	999,427	2,234,787	3,160,466	706,649	1,580,115	2,234,620
Asset 4	1.78%	15,720,097	18.48%	652,132	1,458,212	2,062,223	461,093	1,031,035	1,458,103
Asset 5	1.26%	0	0.00%	0	0	0	0	0	0
Asset 6	1.29%	0	0.00%	0	0	0	0	0	0
Asset 7	1.03%	0	0.00%	0	0	0	0	0	0
Asset 8	1.15%	0	0.00%	0	0	0	0	0	0
Asset 9	1.39%	0	0.00%	0	0	0	0	0	0
Dollar	0.68%	3,456,494	4.06%	54,809	122,557	173,322	38,753	86,654	122,548
Euro	0.74%	7,908,463	9.30%	136,876	306,065	432,841	96,779	216,404	306,042

COSO Aplicaciones Técnicas. Anexo 5.8-5.9: Distribuciones de pérdidas, Valoración de Resultados (Back-Testing), Análisis de sensibilidad **Ciertas estimaciones de distribución de pérdidas operativas** o crediticias utilizan técnicas estadísticas, generalmente basadas en distribuciones no normales, para calcular las pérdidas máximas resultantes de los riesgos operativos con un determinado nivel de confianza. **La valoración de resultados [simulación histórica]** generalmente consiste en la comparación periódica de las medidas de riesgo de una entidad con las consiguientes pérdidas o ganancias. Las instituciones financieras suelen utilizar la valoración de resultados (back-testing). El análisis de sensibilidad se utiliza para evaluar el impacto de los cambios normales o rutinarios en los eventos potenciales.

Gráfico 3.29: Módulo CMOL de Simulaciones Históricas de Valor en Riesgo y *Back-Testing*

4

EVALUACIÓN DINÁMICA DE LA GESTIÓN DE RIESGOS EMPRESARIALES EN ELETROBRAS FURNAS EN BRASIL

El presente estudio de caso fue escrito por el Dr. Nelson Albuquerque y el Dr. Johnathan Mun, en colaboración con Eletrobras Furnas SA, quien nos permitió tener acceso a este proyecto de gestión de riesgos empresariales y a sus funcionarios, Welington Cristiano Lima y José Roberto Teixeira Nunes. Igualmente queremos hacer un reconocimiento por la revisión exhaustiva que realizó el Profesor Pedro Bello, también de Eletrobrás. Pretendemos describir la metodología aplicada para automatizar la Gestión de Riesgos Empresariales (ERM) en Eletrobrás Furnas, la compañía de servicios públicos más grande de Brasil. El enfoque ERM utiliza el módulo ERM del software PEAT de Real Options Valuation, Inc. (ROV) y adapta el modelo de la Matriz de Riesgos que actualmente emplea el grupo Eletrobras al concepto de valor en riesgo esperado, yendo un poco más allá de la evaluación cualitativa de riesgos hacia una gestión de riesgos más cuantitativa.

El módulo PEAT ERM se construyó de acuerdo con el concepto de Riesgo Esperado-que utiliza el concepto de cuantificación de riesgos-lo que posibilita los planes para la mitigación de riesgos, la evaluación estadística, las opciones reales estratégicas y el análisis de alternativas, así como la optimización de los portafolios en múltiples proyectos.

Para iniciar, ERM requiere de una entrada bidimensional de la Probabilidad (L) o Frecuencia de ocurrencia de un evento de riesgo y el Impacto (I) o la Severidad en términos de efectos financieros, económicos y no-económicos del riesgo. Estos conceptos L e I están estandarizados en la industria y utilizados inclusive en entornos regulatorios tales como los Acuerdos de Basilea III y Basilea IV (iniciados por el Banco de Pagos Internacionales en Suiza y aceptado por la mayoría de Bancos Centrales alrededor del mundo como los estándares de información regulatoria para los riesgos operacionales).

Sin embargo, Eletrobrás es una compañía de servicios públicos y no está sujeta a las estrictas regulaciones bancarias y financieras; por ende, en lugar de la escala de posibilidades de Probabilidad o Frecuencia, Electrobras utiliza el concepto de *Vulnerabilidad (V)*. En consecuencia, la matriz de riesgos característica de ERM se modifica levemente tal como lo exhibe el Gráfico 4.1.

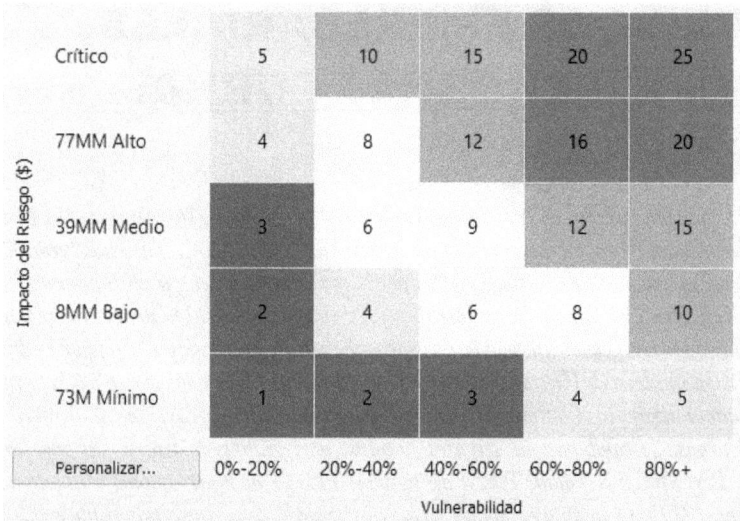

Impacto del Riesgo ($)	0%-20%	20%-40%	40%-60%	60%-80%	80%+
Crítico	5	10	15	20	25
77MM Alto	4	8	12	16	20
39MM Medio	3	6	9	12	15
8MM Bajo	2	4	6	8	10
73M Mínimo	1	2	3	4	5
Personalizar...			Vulnerabilidad		

Gráfico 4.1: Matriz de Riesgos Modificada de Eletrobrás

El uso de la Probabilidad o Vulnerabilidad produce resultados similares y saber cuál utilizar, depende completamente de la organización. Sin embargo, observamos varias ventajas de usar el concepto de Vulnerabilidad, especialmente porque facilita la actividad de auditoría existente en Eletrobrás, ya que el grado de métricas de vulnerabilidad dentro de la compañía ya ha sido asociado con la evaluación de controles fácilmente auditables y ha estado en uso durante varios años.

Este estudio de caso explora la manera cómo el módulo PEAT ERM fue personalizado y aplicado en Eletrobrás. Esto permitió a sus gerentes no sólo documentar los mayores factores de riesgo sino a ir más allá de la analítica de riesgos y realizar un análisis de sensibilidad, una simulación de riesgos de Monte Carlo y aplicar la analítica cuantitativa. También se realizó una evaluación de las dinámicas de sus riesgos en el negocio, los controles de riesgo, y una gestión general de riesgos en la empresa.

Para fines de este estudio únicamente, adaptaremos y utilizaremos el concepto de Vulnerabilidad, asociado a los elementos relacionados con los estándares y lineamientos de control interno ya establecidos en Brasil y a nivel internacional (p.ej., ISO-31000, COSO, COBIT, y SOX o la Ley Sarbanes–Oxley). El objetivo de esta personalización es poder cualificar y cuantificar el grado de implementación en cada uno de los Elementos de Riesgo (RE) anexos a los programas específicos en toda la compañía Eletrobrás.

Incertidumbre, Riesgo, y Vulnerabilidad

En la evaluación de riesgos empresariales del entorno cuantitativo de riesgos, el concepto de *incertidumbre* está asociado con la Probabilidad (L) de que ocurra un evento en el futuro. Las incertidumbres de eventos repetitivos observados por naturaleza durante un largo periodo de tiempo pueden, en ocasiones, volverse predecibles pero usualmente no con absoluta certeza. Dichas observancias se pueden asociar con funciones matemáticas que reflejan las propiedades estadísticas de algo que probablemente ocurrirá en el futuro.

El riesgo de ocurrencia de un evento está conectado a dos parámetros: el Impacto (I) ocasionado por un evento incierto y la probabilidad de que un evento ocurra o su Probabilidad (L). Dada cierta probabilidad conocida de ocurrencia de un evento de riesgo, cuanto más alto el impacto, mayor es el riesgo. Si el impacto es cero, el riesgo será cero aunque el evento tenga una alta probabilidad de que ocurra. El argumento inverso también es verdadero. Si la probabilidad de ocurrencia de un evento de riesgo es igual a cero, el riesgo es cero (este es un entorno de pura certidumbre), independientemente de la magnitud del impacto.

En otras palabras, la incertidumbre se mide en términos de Probabilidad de ocurrencia, y a menos que exista algún Impacto financiero o no-financiero pero observable, no hay riesgo, únicamente incertidumbre.

Dentro del ámbito de Eletrobrás, el concepto de Vulnerabilidad (V) está asociado con el riesgo de un evento. Dicho de otro modo, la Vulnerabilidad (V) está asociada con la susceptibilidad de una organización a las consecuencias de un evento de riesgo. El riesgo se reduce por medio de su mitigación, ya sea disminuyendo la Probabilidad de ocurrencia de un evento (p.ej., en vez de dejar el automóvil estacionado de noche en una calle desierta, se estaciona en un garaje que tenga cámaras de vigilancia) o reduciendo su Impacto (p.ej., comprar un seguro antirrobo de automóviles para proteger su capital).

La mitigación de las consecuencias del riesgo se puede escalar de acuerdo con el valor predecible del riesgo. Por ejemplo, digamos que tenemos un evento de riesgo específico en donde su máximo impacto financiero está avaluado en USD$100, con un 10% de probabilidad de que ocurra. Ahora bien, supongamos que hay un valor mínimo o residual de USD$5 con un 90% de probabilidad, lo que implica que existe un valor esperado de USD$14.5. Por ende, las medidas de mitigación se pueden diseñar para tratar de neutralizar esta exposición. Claramente, existen dos maneras de reducir el riesgo: reduciendo el Impacto o reduciendo la Probabilidad.

La reducción del impacto significa adoptar medidas preventivas (p.ej., firmar acuerdos contractuales para reducir las responsabilidades legales), y la reducción de la Probabilidad significa cambiar los procesos y comportamientos organizacionales (p.ej., cambiar los procesos que tienen una alta probabilidad de desastre). Sin embargo, independientemente de los pasos adoptados para reducir la Probabilidad o el Impacto, si la posibilidad de que ocurra un evento de riesgo aún existe, el riesgo se debe evaluar en dos niveles: el riesgo mitigado y el riesgo residual. Las medidas de mitigación están destinadas a reducir el primer nivel de riesgo a su riesgo residual, cuando sea posible.

Mecanismo propuesto para los Indicadores Dinámicos de Riesgo

Las reglas o lineamientos institucionales que abordan los riesgos empresariales únicamente desde el punto de vista cualitativo, no señalan un método para evaluar esta exposición de manera cuantitativa. En el análisis cualitativo tradicional, el grado de riesgo de una compañía es una fotografía en un tiempo determinado. Las medidas de mitigación se evalúan posteriormente, con frecuencia desde las auditorías para verificar el grado de cumplimiento con las fotografías anteriores. El esfuerzo para implementar estas medidas de mitigación se evalúa típicamente y no dinámicamente y sus resultados tampoco se comparan con lo que se esperaba dentro del rango de riesgos con respecto al costo de mitigación.

El módulo PEAT ERM pretende no sólo documentar el estado de vulnerabilidad de una compañía frente a los eventos que pueden conllevarla a pérdidas por riesgos, ya sean económicas o no-económicas, sino también cuantificar y medir las incertidumbres de los riesgos y sus costos de mitigación. Todo esto se hace de manera dinámica, mediante los cuales la compañía puede hacer ajustes periódicos para lograr sus metas objetivo a fin de reducir la exposición e ir más allá de la evaluación cualitativa hacia el análisis cuantitativo de riesgos.

PEAT ERM permite realizar evaluaciones dinámicas y mide el grado de vulnerabilidad de la compañía a lo largo del tiempo utilizando el parámetro "% de Mitigación de Riesgos Actualmente Completada", para cada control de riesgos y sus ponderaciones respectivas en la ventana del Registro de Riesgos (ver Gráfico 4.5). Este asume la función del parámetro de medición de Vulnerabilidad al ser aplicado en Eletrobrás. Este parámetro de porcentaje se interpreta como "% de Mitigación Completada = 100% - % Vulnerabilidad", lo que indica una reducción en la exposición al riesgo debido a que la compañía ha implementado medidas para reducir su exposición a los riesgos identificados.

Este parámetro oscila entre 0% Completado (p.ej., 100 Vulnerable), lo que indica que la compañía está expuesta al Valor Total del Riesgo, hasta el 100%, a 100% Completado, lo que indica un 0% de medida de Vulnerabilidad, en donde el riesgo se reduce a una exposición a su nivel mínimo, también conocido como el Riesgo del Valor Residual.

Contabilizar el Riesgo Corporativo

El conjunto de los Indicadores Clave de Riesgos (KRI) proporciona un panorama del riesgo financiero al que está sujeta la compañía. El Gráfico 4.2 muestra un ejemplo de la exposición al riesgo residual en PEAT ERM. En el siguiente ejemplo, presentamos la exposición al riesgo del Departamento Financiero debido al Elemento de Riesgo de los Sobrecostos. En el ejemplo, el Valor Bruto del Riesgo es de USD$1.000.000 y su Valor Residual es de USD$500.000. El Riesgo

Corporativo, compuesto por todos los factores de riesgo de la compañía, es de USD$1.480.000.

En este ejemplo, los Sobrecostos KRI se miden como $(L = 4) \times (I \text{ o } V = 4) = (KRI = 16)$ y se pueden ver en la Matriz de Riesgos. En este caso, se clasifica como un Riesgo Moderado, y un factor de reducción del 50% reduciría la exposición al riesgo a USD$750.000 o a un KRI de 12.

El modelo de medición dinámica de la exposición al riesgo corporativo tiene una representación gráfica tal como se ve en el Gráfico 4.3.

En este caso, la compañía puede evaluar su exposición al riesgo de manera dinámica, implementado la mitigación de los Factores de Riesgo, que pueden estar sujetos a los estándares y controles internacionales (p.ej., SOX, COBIT). Por ende, la Vulnerabilidad utilizada por Eletrobrás se asocia con el cumplimiento de los controles. Esto se puede representar dinámicamente en el Gráfico 4.4.

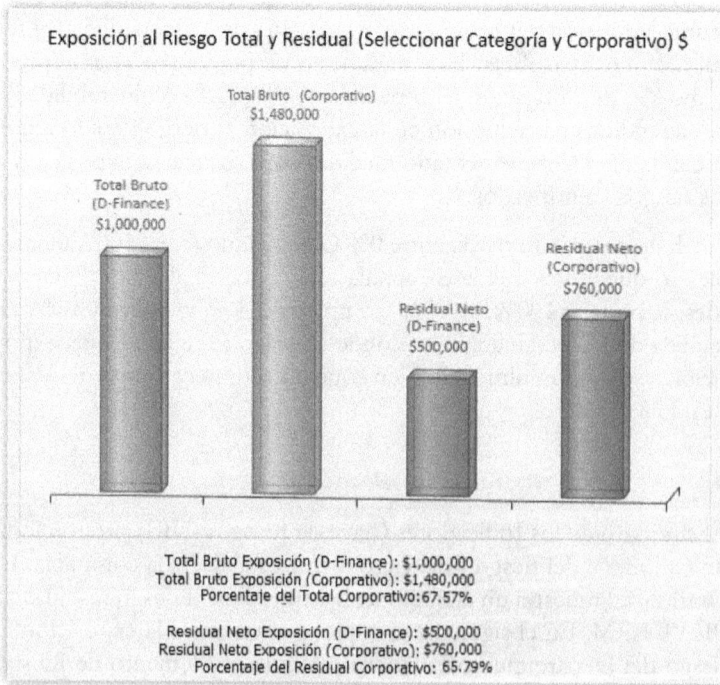

Exposición al Riesgo Total y Residual (Seleccionar Categoría y Corporativo) $

Total Bruto (Corporativo) $1,480,000

Total Bruto (D-Finance) $1,000,000

Residual Neto (Corporativo) $760,000

Residual Neto (D-Finance) $500,000

Total Bruto Exposición (D-Finance): $1,000,000
Total Bruto Exposición (Corporativo): $1,480,000
Porcentaje del Total Corporativo: 67.57%

Residual Neto Exposición (D-Finance): $500,000
Residual Neto Exposición (Corporativo): $760,000
Porcentaje del Residual Corporativo: 65.79%

Gráfico 4.2: Impacto Fianciero de los KRI

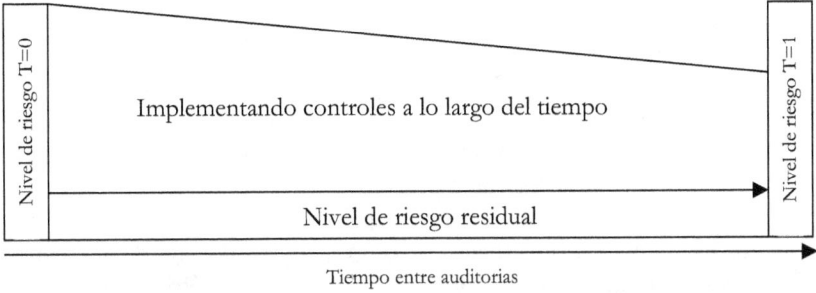

Gráfico 4.3: Modelo de Medición Dinámica de la Exposición al Riesgo

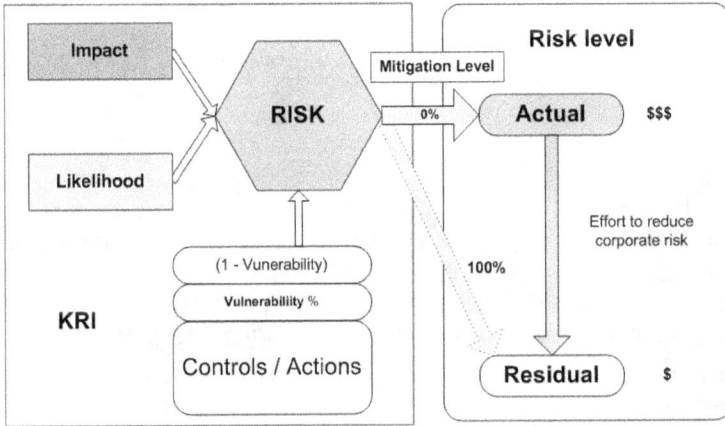

Gráfico 4.4: Mitigación Dinámica de los Factores de Riesgo

Por medio de una auditoría, ya sea externa o interna, la compañía puede mostrar la evolución de las medidas tomadas para mitigar el riesgo y reducir su exposición financiera.

Evaluación Dinámica de la Vulnerabilidad: una Ilustración

El Factor de Vulnerabilidad (VF) está asociado con un conjunto de controles (Cr_{ij}), basados en los estándares internacionales o las reglas internas que se deben cumplir para reducir los Elementos de Riesgo (RE_j) a un nivel de riesgo residual. Cada control (Cr_{ij}) por RE_j seleccionado se debe asociar con una ponderación (w_{ij}) igual a uno, dos o cuatro, dependiendo del grado de importancia vinculada al mismo. El uso de las ponderaciones nos permite distinguir entre los controles que son más difíciles de implementar o aquellos que tendrían un impacto mucho mayor sobre la mitigación de riesgos. Sugerimos clasificar los controles por el grado de impacto: los de menor impacto se deben clasificar con una ponderación idéntica a la unidad; el impacto promedio con una ponderación igual a 2 (dos); y finalmente, de existir alguno, el impacto alto con una ponderación de 4 (cuatro), proporcionando un sentido de crecimiento geométrico. Posterior a la auditoría, los controles pueden tener distintos grados de conformidad ($GC_{i,j}$), es decir, implementado (0%), implementado parcialmente (50%), y no implementado (100%). El Factor de Vulnerabilidad ($VF_{i,j}$) del RE_j auditado se calcula utilizando la siguiente fórmula:

$$VF_j = \frac{\sum_{i=1}^{n} Cr_{i,j} * w_{i,j} * GC_{i,j}}{\sum w_j}$$

Ilustración del Caso

El Gráfico 4.5 ilustra un cálculo manual de varias muestras de Elementos de Riesgo y sus correspondientes Controles de Riesgo, Ponderaciones, el % de Vulnerabilidad y el Factor de Vulnerabilidad (%VF) calculado y el Grado de Mitigación (%DM). También capta un pantallazo de la pestaña del Registro de Riesgos de PEAT ERM que muestra cómo se pueden ingresar estos supuestos y los sencillos pasos siguientes que se requieren para configurar el Registro de Riesgos ERM.

Detalles Explicativos

- Un Registro de Riesgos está conformado por múltiples Elementos de Riesgo. El Gráfico 4.6 de PEAT ERM muestra tres Registros de Riesgos de muestra guardados, con el Registro de Riesgos resaltado, estando editado activamente (p.ej., el *Proyecto DGS728* del Registro de Riesgos está seleccionado actualmente).

- Un Elemento de Riesgo significa un riesgo real o anticipado. En la tabla, vemos que hay *n* Elementos de Riesgo en un solo Registro de Riesgos. El primer ejemplo del Elemento de Riesgo es un evento de riesgo de un incendio catastrófico en una de las plantas o instalaciones de servicios públicos. Otro de los riesgos, son los accidentes de los empleados en las plantas (Elemento de Riesgo 2), y así sucesivamente, terminando finalizando con los riesgos legales (Elemento de Riesgo N).

- En el primer Elemento de Riesgo, el incendio catastrófico, digamos que para fines ilustrativos, presenta tres problemas relacionados con este incendio: la destrucción y pérdida de activos (Activos), la pérdida de producción y producto final (Producción), y la pérdida de productividad humana (Productividad).

	Control 1	Control 2	Control 3	Factor de Vulnerabilidad (%VF)	Grado de Mitigación (%DM)
Elemento de Riesgo 1 (Incendio Catastrófico)					
Ponderación	6	3	1	40%	60%
Vulnerabilidad %	0%	100%	100%		
Elemento de Riesgo 2 (Accidentes en la Planta)	Control 1	Control 2	Control 3	Factor de Vulnerabilidad (%VF)	Grado de Mitigación (%DM)
Ponderación	6	1	3	65%	35%
Vulnerabilidad %	55%	65%	85%		
...					
Elemento de Riesgo N (Problemas legales)	Control 1	Control 2	Control 3	Factor de Vulnerabilidad (%VF)	Grado de Mitigación (%DM)
Ponderación %	60%	10%	30%	65%	35%
Vulnerabilidad %	55%	65%	85%		

Gráfico 4.5: Registros de Riesgos en PEAT ERM

ROV PROJECT ECONOMICS ANALYSIS TOOL - [C:\Users\Dr. Johnathan Mun\Desktop\Eletrobras.rovprojecon]

File Edit Language Decimals Help

Welcome to the ROV Project Economics Analysis Tool (PEAT). This tool will help you set up a series of projects or capital investment options, model their cash flows, simulate their risks, and run advanced analytics, perform forecasting and prediction modeling, and optimize your investment portfolio subject to budgetary and other constraints.

ERM | Applied Analytics | Risk Simulation | Knowledge Center

Risk Settings | Risk Register | Risk Dashboard | Risk Events | Risk Engagement | Risk Diagrams | Risk Controls | Risk Forecasts | Risk Mitigation

Risk Element Name:	Catastrophic Fire at the Main Plant			Required Inputs			Total (Gross)	Current (Net)		Key Risk Dates:			Name:	Project DGS728 (FY 2014)

Acronym/Short Name: Fire
Likelihood of Occurrence (V): Total (Gross) 4 / Current (Net) 3
Created: 3/14/2014

Causes of Risk: Catastrophic fire triggered by an explosion in one of the volatile chemical tanks
Possible Financial Impact (I): Total (Gross) 5 / Current (Net) 3
Updated: 3/14/2014
Due Date: 5/14/2014

Consequences of Risk: Loss of Plant Assets, Production Output, and Human Resource Productivity

Weight | % Completed
Risk Control 1 (Insurance): 6 / 100%
Risk Control 2 (Offsite Storage): 3 / 0
Risk Control 3 (Shared Offices): 1 / 0

Risk Mitigation Response: Three controls: fire insurance, offsite storage for surplus production, shared offices

Optional Inputs | Min | Likely | Max
Total Risk Level ($): $8,000,000 | $10,000,000 | $12,000,000
Actual Risk Level ($): $3,200,000 | $4,000,000 | $4,800,000
Mitigation Cost ($): $5,000 | $7,000 | $8,000

Action Plan (Doc): Browse...
Status: Assigned To: Select Risk Category:
Active: Select Risk Manager... | Select Risk Category...

New | Save As | Edit | Save | Delete

Saved Risk Registers
Project DGS728 (FY 2014)
CEO Presentation to Board (Dec 2014)
Project MN05528 (FY 2014)

Create New | Save Edited | Delete | Report

	Risk Register	CAT	GOPAD	DIV	Create	Edit	Due	\multicolumn{2}{c	}{Total (Gross)}		Actual (Net)			PIC	% OK	Status	Risk $	Left $	Cost $	Doc
								V	I	KRI	V	I	KRI							
10	Econ Changes	Economy	P-Saudi	ME	4/8/2014	4/8/2014	6/8/2014	5	8	40	1	3	3	JCannon	0%	Active	$179,500	$85,555	$12,500	
Cause:	Economic fluctuations causing concern				Consequence:		Impacts profitability							Mitigation:		Look into hedging FOREX				
11	Fire	Cost	D-Finance	USA	3/14/2014	3/14/2014	5/14/2014	4	5	20	3	3	9	JJSmith	60%	Active	$10,000,000	$4,000,000	$7,000	
Cause:	Catastrophic fire triggered by an explosion in one of the volatile chemical tanks				Consequence:		Loss of Plant Assets, Production Output, and Human Resource Productivity							Mitigation:		Three controls: fire insurance, offsite storage for surplus production, shared offices				
12	Fire	Cost	D-Risk	USA	3/14/2014	3/14/2014	5/14/2014	4	5	20	3	3	9	JJSmith	60%	Active	$10,000,000	$4,000,000	$7,000	
Cause:	Catastrophic fire triggered by an explosion in one of the volatile chemical tanks				Consequence:		Loss of Plant Assets, Production Output, and Human Resource Productivity							Mitigation:		Three controls: fire insurance, offsite storage for surplus production, shared offices				
13	Fire	Cost	P-Dublin	USA	3/14/2014	3/14/2014	5/14/2014	4	5	20	3	3	9	JJSmith	60%	Active	$10,000,000	$4,000,000	$7,000	
Cause:	Catastrophic fire triggered by an explosion in one of the volatile chemical tanks				Consequence:		Loss of Plant Assets, Production Output, and Human Resource Productivity							Mitigation:		Three controls: fire insurance, offsite storage for surplus production, shared offices				

Gráfico 4.6: Registro de Riesgos PEAT ERM

- Cada problema se mitiga con un control. El Control 1 mitiga las pérdidas en los Activos comprando un seguro contra incendios; el Control 2 mitiga las pérdidas en Producción instalando condensadores y áreas de almacenamiento en un lugar distinto fuera de las instalaciones, que puedan almacenar excesos de producción y manejar la demanda durante los siguientes 90 días después del incendio catastrófico; y el Control 3 mitiga las pérdidas de Productividad iniciando una sociedad conjunta con una empresa asociada para que albergue a todos los empleados en un sitio de trabajo temporal mientras que al mismo tiempo se migran todos los sistemas TI a la nube. De esta manera hay una recuperación instantánea de los datos protegidos para que los empleados puedan regresar a su trabajo casi que inmediatamente.

- Ahora supongamos que hay un escenario sencillo que involucre al Elemento de Riesgo 1, en donde el evento de incendio catastrófico estimado, total y completo, significaría una pérdida de USD\$6M en Activos, USD\$3M en Producción, y USD\$1M en Productividad. Estos montos se obtuvieron a través de una auditoría por parte del personal de riesgos después de hacer un inventario de los activos, un análisis financiero de las tasas de producción y la pérdida de ingresos y las estimaciones del recurso humano. Utilizando estas estimaciones podemos ingresar las ponderaciones relevantes, ya sea en valores numéricos o porcentajes. Por ejemplo, el Control 1 tiene una ponderación de 6, el Control 2 tiene una ponderación de 3, y el Control 3 tiene una ponderación de 1, proporcional al riesgo bruto total cubierto y al impacto mitigado por cada control para este único Elemento de Riesgo. Por supuesto, cada compañía puede tener su propio paradigma para establecer las ponderaciones, siempre y cuando sea consistente a lo largo de la implementación del ERM. En este sencillo ejemplo miramos la ponderación del impacto de la reducción del riesgo, considerando que distintas organizaciones que no tienen dichas cifras de impacto también pueden utilizar un grado de dificultad para ejercer control, complicación, o costo para implementar (en tal caso las ponderaciones serán diferentes al ejemplo anterior).

- Continuando con nuestro ejemplo, digamos que el Control 1 (seguro contra incendio) es muy sencillo de ejecutar y que ya se había comprado la cobertura por el monto total de los Activos, lo que significa que el % Completado de Mitigación (%M) es 100% o, alternativamente, el % de Vulnerabilidad (%V) es 0%. Los Controles 2 y 3 son más difíciles de completar y toman tiempo y dinero, y, ahora mismo, están completados en un 0% (0% mitigados o 100% vulnerables si ocurre un incendio).

- Como una nota al margen, los %M y %V son complementarios entre sí (1 – %V = %D), y el expresar, ya sea la vulnerabilidad o el grado de mitigación, es un tema de preferencia (%M asume un punto de vista más optimista mientras que el %V asume uno más pesimista, pero es muy sencillo convertir de una medida a otra, tal como se describió).

- Para tener otra muestra de un conjunto de entradas sugerimos ir al Gráfico 4.5- Elemento de Riesgo 2 (accidentes de los empleados en la planta). Finalmente, el Elemento de Riesgo N, intencionalmente presenta los mismos niveles de ponderación pero aquí, en cambio, se utiliza un porcentaje de ponderación. Por ende, en lugar de una ponderación numérica de 6, 1, 3 (lo que suma 10), podemos alternativamente, ingresar éstos como 60%, 10%, y 30% (lo que equivale a 6/10, 1/10, y 3/10). Esto es una preferencia del usuario y se puede configurar en la pestaña de *Configuraciones Globales* en el ERM de PEAT.

- Luego, el módulo de PEAT ERM automáticamente calcula el Factor de Vulnerabilidad (%VF) y el Grado de Mitigación (%DM) para cada uno de los Elementos de Riesgo. A continuación podemos ver sus cálculos correspondientes:

Elemento de Riesgo 1: Incendio Catastrófico.

  o $\%VF = (6 \times 0\% + 3 \times 100\% + 1 \times 100\%) \div (6 + 3 + 1) = 40\%$

  o $\%DM = 1 - \%VF = 100\% - 40\% = 60\%$, o igualmente, tenemos:

  o $\%DM = 1 - (6 \times 0\% + 3 \times 100\% + 1 \times 100\%) \div (6 + 3 + 1) = 60\%$

Elemento de Riesgo 2: Accidentes en la Planta.

- o $\%VF = (6 \times 55\% + 1 \times 65\% + 3 \times 85\%) \div (6 + 1 + 3) = 65\%$

- o $\%DM = 1 - \%VF = 100\% - 65\% = 35\%$, o igualmente, tenemos:

- o $\%DM = 1 - (6 \times 55\% + 1 \times 65\% + 3 \times 85\%) \div (6 + 1 + 3) = 35\%$

Elemento de Riesgo N: Asuntos legales. En este ejemplo, utilizamos % de ponderaciones en lugar de numéricas.

- o $\%VF = (60\% \times 55\% + 10\% \times 65\% + 30\% \times 85\%) = 65\%$

- o $\%DM = 1 - \%VF = 100\% - 65\% = 35\%$, o igualmente, tenemos: $\%DM = 1 - (60\% \times 55\% + 10\% \times 65\% + 30\% \times 85\%) = 35\%$

Como nota al margen, la ponderación numérica puede tomar cualquier entero positivo y no tendrá restricciones más adelante, mientras que el % de ponderación que cada uno necesita está entre 0% y 100%, y las ponderaciones totales para cada Elemento de Riesgo deben sumar 100%.

- El Riesgo Bruto monetario para el Elemento de Riesgo 1 (incendio catastrófico) es, por supuesto, USD$6M + USD$3M + USD$1M = USD$10M. Y en el ejemplo anterior, vemos que solamente el Control 1 (seguro contra incendio) fue mitigado al 100% (0% vulnerable). Esto significa que la totalidad de los USD$6M han sido mitigados y que el riesgo ya no existe, al menos en términos financieros. Por ende, el Riesgo Restante o Residual es de USD$3M + USD$1M=USD$4M. Por otro lado, podemos calcular el *Riesgo Residual = Riesgo Bruto x % Factor de Vulnerabildad*

Claro está, que esto es lo mismo que decir que el *Riesgo Residual = Riesgo Bruto × (1 − % Grado de Mitigación)*. Es decir que, podemos calcular el:

Riesgo Residual = \$10M × 40% = \$10M × (1 − 60%) = \$4M. Estos USD$4M son el Riesgo Restante o Residual o el riesgo que permanece después de aplicar los Controles de Riesgo.

Adicionalmente, los requisitos de COSO establecen específicamente el uso de las medidas de Impacto y Probabilidad.
Definen el Riesgo Bruto como uno Riesgo Inherente, y el
Riesgo Residual como los riesgos que permanecen después
de que la administración haya ejercido los controles que tengan. (Remitirse al Capítulo 3 para ver las especificaciones de
cómo PEAT cumple con Basilea III/IV, ISO 31000:2009, y
los estándares mundiales de COSO). Independientemente
de las definiciones empleadas en este ejemplo, claramente,
distintas compañías tienen diferentes paradigmas; lo importante aquí es ser coherente con su definición. Si calculamos
el Riesgo Restante en el ejemplo anterior, el usuario tiene la
opción de cambiar el nombre de "Riesgo Residual" por algo
así como "Riesgo Real o Restante", en la pestaña de *Configuraciones Globales* de ERM en PEAT, para evitar confusiones.

Procedimientos

A continuación veremos cómo utilizar PEAT ERM para ingresar los Elementos de Riesgo y los Controles de Riesgo en el Registro
de Riesgos (Gráfico 4.6):

- Paso 1: En el Registro de Riesgos relevante, los usuarios
  pueden ingresar nuevos Elementos de Riesgo en la cuadrícula de datos o editar un Elemento de Riesgos existente
  (haga *clic* en el ícono de lápiz en la cuadrícula de datos para
  editar la fila relevante). Cada Elemento de Riesgo aparece
  como una nueva fila en la cuadrícula de datos del Registro
  de Riesgos.

- Paso 2: Ingrese los *Controles de Riesgo*, la *Ponderación*, y el %
  Completado de Mitigación para cada elemento de control (las
  ponderaciones se pueden ingresar como enteros o porcentajes dependiendo de las configuraciones del usuario en la
  pestaña de *Configuraciones Globales*). El % de *Grado de Mitigación* se calcula automáticamente y aparece en la cuadrícula de
  datos bajo la columna de %OK.

- Paso 3: Los usuarios, de manera opcional, ingresan los montos monetarios del Riesgo Bruto si se requieren y se
  conocen, así como un *spread* que se utilizará más adelante al
  correr las simulaciones de riesgo de Monte Carlo. Por ejemplo ingrese USD$8M, USD$10M, y USD$12M, en donde el
  Riesgo Bruto más probable es USD$10M, tal como se ilustra

en este ejemplo (la suma de los Activos, la Producción y la Productividad).

- Paso 4: Posteriormente, los usuarios opcionalmente, ingresan los montos monetarios del Riesgo Residual, de ser necesario. Esto es muy sencillo de ingresar: sencillamente, tome los montos del Riesgo Bruto y multiplíquelos por (1 – %DM). En este ejemplo, los *spreads* del Riesgo Residual serán:

  o *Riesgo Residual Mínimo = $8M × (1 – 60%) = $3.2M.*

  o *Riesgo Residual Más Probable = $10M × (1 – 60%) = $4.0M.*

  o *Riesgo Residual Máximo = $12M × (1 – 60%) = $4.8M.*

- Paso 5: Dependiendo de si el usuario ha seleccionado previamente las configuraciones de *Impacto y Vulnerabilidad* o *Impacto y Probabilidad* para la Matriz de Riesgos en la pestaña de *Configuraciones Globales* de PEAT ERM, los usuarios pueden bien sea, utilizar el Riesgo Real o Residual calculado de USD$4M o el monto del Riesgo Residual o el %OK (p.ej., el % del Factor de Vulnerabilidad para el Elemento de Riesgo después de realizar el cálculo del promedio ponderado de los distintos Controles de Riesgo), o ellos pueden utilizar sus propias categorías especificadas e ingresar ya sea el valor *V* o el *I,* que pueden ir atados a la ganancia neta, los ingresos, u otras métricas financieras y que son obviamente únicas para cada compañía y pueden cambiar a través del tiempo. El comité de riesgos de la compañía escogerá estas categorizaciones (el ejemplo a continuación es para una matriz de 5 x 5):

Categorías de Riesgo	Cuando la Ganancia Neta= $6.24M	
Riesgo Crítico (I = 5)	> 1.0%	≥ 62M
Riesgo Alto (I = 4)	≥ 0.1%	6.2M – 62M
Riesgo Medio (I = 3)	≥ 0.01%	0.6M – 6.2M
Riesgo Bajo (I = 2)	≥ 0.001%	62K – 0.6M
Riesgo Mínimo (I = 1)	< 0.001%	≤ 62K

Factor de Vulnerabilidad	Índice V
≪ 20%	1
20% – 40%	2
40% – 60%	3
60% – 80%	4
≫80%	5

- Paso 6: Continúe agregando más Elementos de Riesgo en el Registro de Riesgos, lleve a cabo los análisis de tornado y escenario y el análisis de simulación, y ejecute los distintos informes del Tablero de Riesgos.

Evaluación Dinámica del Impacto

El impacto siempre se asocia con el patrimonio del tomador de decisiones. Por ejemplo, una compañía que mueve miles de millones de dólares mensualmente en su negocio de minería o extracción de crudo, tiene un apetito de riesgo muy diferente al que tiene una panadería o una farmacia. Los niveles de impacto diseñados en la Matriz de Riesgos se deben asociar con la escala apropiada de impacto financiero. Estos rangos financieros se pueden indexar, por ejemplo, a las ventas de la compañía, para que los valores monetarios del riesgo se relacionen con o estén siempre actualizados con el tamaño de la compañía, ya que los KRI son absolutos y su evolución dependerá únicamente de la implementación de las medidas de mitigación del riesgo y el patrimonio no volátil de la compañía.

Evaluación Dinámica de la Probabilidad

La probabilidad de un evento está asociada con una medida de si ocurrirá independientemente de las acciones de los directivos de la compañía. Puede ser el resultado de una simulación de riesgos de Monte Carlo (en el caso de medir el VaR [Valor en Riesgo] u otra probabilidad asociada y los intervalos de confianza) o puede ser una evaluación subjetiva de las personas responsables por su gestión. Usualmente, los expertos cuentan con cierta sensibilidad, basada en su experiencia, acerca de las probabilidades de ocurrencia de un evento de riesgo. Este valor puede ser entonces el resultado de una evaluación analítica o de una investigación y el consenso de expertos.

La tabla a continuación da un ejemplo de cómo establecer los niveles de probabilidad de un evento:

Rango de Probabilidad		Clasificación Cualitativa		Escala Equivalente
> 80%	→	crítica	↔	5
60% - 80%	→	alta	↔	4
40% - 60%	→	media	↔	3
20% - 40%	→	baja	↔	2
< 20%	→	mínima	↔	1

Evaluación Dinámica de la Medición de KRI (Riesgo)

Una evaluación cuantitativa del riesgo o de KRI está asociada con la mitigación o la reducción de la exposición al riesgo. Estas medidas se pueden entender u organizar en un listado de grupo, en el cual los riesgos se evalúan como "OK" o "BAJO" para aquellos eventos, si ocurren, que no son relevantes para la salud financiera o la imagen de la compañía. Otra evaluación es "Críticos" a "Aceptables" para aquellos riesgos que son muy severos y pueden comprometer la supervivencia de la compañía. Los gerentes de riesgo del grupo deben definir las medidas de exclusión o mitigación de los riesgos para que siempre estén en del nivel "Crítico" al "Aceptable", y que el nivel de inversión que vaya a hacer la compañía en las acciones de mitigación, sea menor que la disminución del riesgo esperado.

5

RIESGO OPERACIONAL BANCARIO Y EMPRESARIAL

RIESGOS OPERACIONALES BANCARIOS

Sin duda, el caso del riesgo operacional es el más difícil de medir y modelar. Lo opuesto al riesgo de mercado, por su definición, son los datos de riesgos operacionales los cuales no sólo son escasos, sino sesgados, inestables y sin control en el sentido de que los eventos de riesgos operacionales más relevantes no vienen identificados en el balance general de ninguna institución financiera. Ya que el enfoque de modelación aún se basa en la lógica VaR, en la cual el modelo utiliza datos empíricos pasados para proyectar los resultados esperados, entonces el modelar el riesgo operacional se convierte en una tarea muy desafiante. Como se indica, el riesgo de mercado ofrece diaria y públicamente, información auditada para ser usada y modelada. Por el contrario, los eventos de riesgo operacional no son, en la mayoría de los casos, públicos, no aparecen identificados en el libro mayor, y, en muchos casos, ni siquiera están identificados. Pero la mayor dificultad surge de la propia definición de riesgo operacional. Aunque lográramos cumplir con la tarea imposible de identificar todos y cada uno de los eventos de riesgo operacionales, aún tendríamos información muy incompleta. La definición de riesgo operacional comprende los eventos generados por fallas en las personas, los procesos, los sistemas y los eventos externos. Con el riesgo de mercado, los precios de los activos pueden subir o bajar, o mantenerse iguales. Con el riesgo operacional, puede ocurrir un evento desconocido que nunca ha ocurrido anteriormente en el periodo de análisis y afectar materialmente las operaciones, incluso sin ser una cola de eventos extremos.

Así que, la lógica de utilizar enfoques similares para tal disponibilidad y comportamiento de la información tan diferentes, hace que se requieran definiciones y supuestos muy cuidadosos. Con esta lógica en mente, el Comité de Basilea ha determinado que con el fin de modelar adecuadamente el riesgo operacional, los bancos deben contar con cuatro fuentes de datos de riesgos operacionales: las pérdidas internas, las pérdidas externas, el entorno empresarial, los factores de control internos y los escenarios de estrés. Conocidos como los cuatro elementos del Riesgo Operacional, el Comité de Basilea recomienda que se tengan en cuenta cuando se haga el modelado. Para bancos y países más pequeños estas recomendaciones plantean un desafío definitivo, porque en muchas ocasiones estos elementos no se desarrollan lo suficiente, o no están presente en absoluto. En este contexto, la mayoría de los bancos han recurrido a utilizar solamente la información interna para modelar el riesgo operacional. Este enfoque viene con algunas deficiencias y más supuestos y se debe tomar como un paso inicial que contempla el desarrollo posterior de los otros elementos a medida que están disponibles. El ejemplo del Gráfico 5.1 revisa la modelación de las pérdidas internas como un enfoque simplificado usualmente asumido por instituciones más pequeñas. Ya que la información sobre los riesgos operacionales es escasa y sesgada, es necesario "completar" las distribuciones de pérdidas con datos generados aleatoriamente. El enfoque más común para la tarea es el uso de la simulación de riesgos de Monte Carlo (Gráficos 5.2, 5.3, y 5.4) que permite la incorporación de datos más estables y el ajuste de las distribuciones dentro de las funciones de densidad predefinidas.

Las regulaciones de Basilea III y Basilea IV, permiten el uso de múltiples enfoques cuando se trata de calcular el ajuste de capital en el riesgo operacional. El Comité de Basilea define el riesgo operacional como las pérdidas resultantes de los procesos, las personas y los sistemas internos inadecuados o fallidos, o de los eventos externos, que incluyen los riesgos legales pero excluyen los riesgos estratégicos o de reputación.

- El Enfoque del Indicador Básico (BIA) utiliza los Ingresos Brutos positivos de los últimos 3 años aplicados a un multiplicador Alpha.

- El Enfoque Estandarizado (TSA) utiliza los Ingresos Brutos positivos de 8 líneas de negocio distintas con sus propios coeficientes Beta ponderados en función del riesgo.

- El Enfoque Estandarizado Alternativo (ASA) se basa en el método TSA y utiliza los Ingresos Brutos pero aplica los Préstamos Totales y los Anticipos para las líneas Minoristas y Comerciales del negocio, ajustadas por el multiplicador, antes de emplear los mismos coeficientes Beta TSA ponderados en función del riesgo.

- Enfoque Estandarizado Revisado (RSA) utiliza los Ingresos y los Gastos como variables sustitutivas para obtener el Indicador de Negocios que se requiere para calcular el ajuste de capital de riesgo.

- Enfoque de Medición Avanzada (AMA) es indefinido en el sentido de que los bancos individuales pueden utilizar sus propios enfoques sujetos a la aprobación regulatoria. El enfoque típico, y el mismo método empleado la aplicación de software ALM-CMOL, es para usar datos históricos de pérdidas para hacer el ajuste de distribución de probabilidades en la frecuencia y severidad de las pérdidas, que posteriormente se convolución a través de la simulación de Riesgos de Monte Carlo para obtener las distribuciones de probabilidad de pérdidas esperadas futuras. Los resultados del VaR de la cola de eventos se pueden obtener directamente de las distribuciones simuladas.

El Gráfico 5.1 ilustra los métodos BIA, TSA, ASA, y RSA según lo establecido en Basilea III/IV. El BIA utiliza el total de los niveles de ingresos brutos durante los últimos 3 años del banco y lo multiplica con un coeficiente Alpha (15%) para obtener el ajuste de capital. Sólo se utilizan los montos de los ingresos brutas. Este es el método más sencillo y no requiere una aprobación regulatoria previa. En el método TSA, el banco se divide en 8 líneas de negocio (*finanzas corporativas, comercio y ventas, banca personal, banca comercial, pagos y liquidaciones, servicios de agencia, gestión de activos y corretaje minorista)*; se utiliza el total de los valores de ingresos brutos anuales positivos de cada línea de negocios durante los últimos 3 años, y cada línea de negocio tiene su propio multiplicador de coeficiente Beta. Estos valores beta son sustitutivos basados en las relaciones de toda la industria entre la experiencia por pérdidas causadas por riesgos operacionales para cada línea de negocios y los niveles de ingresos brutos globales. El total del ajuste de capital que se basa en TSA, sencillamente es la suma del promedio ponderado de estas líneas de negocio durante los últimos 3 años. El ASA es similar al TSA excepto que las líneas de negocio de banca personal y comercial utilizan *el total de los préstamos y anticipos* en lugar de utilizar los ingresos brutos totales anuales. El total de estos préstamos y anticipos se multiplican primero por un factor de 3.50% antes de ser beta-ponderado, promediado y sumado. El ASA también es útil en situaciones en dónde el banco tiene un margen de intereses netos extremadamente altos o bajos (NIM) mientras que los ingresos brutos para las líneas de negocio minorista y comercial son reemplazadas con un sustituto basado en activos (total de los préstamos y anticipos multiplicado por el factor 3.50%). Adicionalmente, dentro del enfoque ASA, las 6 líneas de negocio se pueden agregar a una única línea de negocios siempre y cuando sea multiplicada por el coeficiente Beta más alto (18%), y los 2 préstamos y anticipos restantes (líneas de negocio comercial y minorista) se puedan agregar y multiplicar por el coeficiente Beta de 15%. En otras palabras, cuando se utilice el software ALM-CMOL, usted puede agregar las 6 líneas de negocio e ingresarlas como una entrada en una única fila en Finanzas Corporativas, que tiene un multiplicador del 18%, y los 2 préstamos y las líneas de negocio se pueden agregar como la línea de negocios Comercial, la cual tiene un multiplicador del 15%.

El principal problema con los métodos BIA, TSA, y ASA es que, en promedio, estos métodos están sub-calibrados, especialmente para bancos grandes y complejos. Por ejemplo, estos tres métodos suponen que la exposición al riesgo operacional aumenta lineal y proporcionalmente con las ganancias o los ingresos brutos. Este supuesto es inválido porque ciertos bancos experimentan un declive en los ingresos brutos debido a los eventos sistémicos o específicos del banco que pueden incluir pérdidas por eventos de riesgos operacionales. En dichas situaciones, unos ingresos brutos decrecientes deberían ser proporcionales a los requisitos de capital operacional más altos y no a un ajuste de capital más bajo. Por ende, el Comité de Basilea ha permitido la inclusión de un método revisado, el RSA. En lugar de utilizar los ingresos brutos, el RSA utiliza tanto los ingresos como los gastos provenientes de múltiples fuentes, tal como se aprecia en el Gráfico 5.1. El RSA utiliza las entradas de un componente de *interés* (ingresos por intereses menos gastos por intereses), un componente de *servicios* (la suma de las ingresos por comisión, gastos por comisión, otros ingresos operacionales, y otros gastos

operacionales), y un componente *financiero* (la suma del valor absoluto de las pérdidas y ganancias netas en la cartera de negociación, y
el valor absoluto de las pérdidas y ganancias netas en la cartera bancaria). El cálculo del ajuste de capital se basa en el cálculo de un
Indicador de Negocios (BI), en donde BI es la suma de los valores absolutos de estos tres componentes (por ende evitando los resultados
contra-intuitivos sobre la base de las contribuciones negativas por
parte de cualquier componente). El propósito de calcular el BI es
promover la sencillez y comparabilidad utilizando un indicador único
para la exposición al riesgo operacional que sea sensible al tamaño y
volumen del negocio del banco, en lugar de los coeficientes estáticos
de las líneas del negocio independientemente del tamaño o volumen
del banco. Al utilizar el BI calculado, el ajuste de capital de riesgo se
determina a partir de 5 categorías predefinidas en Basilea III/IV, au-
mentando en valor del 10% al 30%, dependiendo del tamaño del BI
(oscilando entre €0 y €30 mil millones). Estas categorías predefinidas
de Basilea están determinadas en miles de euros, en donde cada categoría tiene sus propios coeficientes Beta ponderados. Finalmente,
el ajuste de capital de riesgo se calcula con base en el enfoque margi-
nal incremental o segmentado *[layered approach]* (en lugar del efecto
acantilado), cuando los bancos migran de una categoría a otra) utilizando estas categorías.

Los Gráficos 5.2, 5.3 y 5.4 ilustran el análisis de las Distribuciones por Pérdidas de Riesgo Operacional cuando se aplica el método
AMA. Los usuarios inician en la pestaña de Datos de Pérdidas en
dónde se ingresan o pegan los datos históricos de las pérdidas en la
cuadrícula de datos. Las variables incluyen las pérdidas del pasado
concernientes a los riesgos operacionales, la segmentación por divisiones y departamentos, las líneas del negocio, las fechas de las
pérdidas, las categorías de riesgos, y así sucesivamente. Posteriormente, los usuarios activan los controles para seleccionar la manera
en que se deben segmentar las variables de los datos de pérdidas
(p.ej., por categorías y tipos de riesgo y líneas de negocio), el número
de pruebas de simulación para ejecutar y si se requieren, los valores
semilla para aplicar en la simulación. Todo lo anterior seleccionando
las columnas relevantes de las variables. También se pueden seleccionar, tal como se requieran, las rutinas de ajuste de distribución.
Después se puede ejecutar el análisis y ajustar las distribuciones a los
datos. Como de costumbre, se pueden guardar las configuraciones
del modelo y los datos.

El Gráfico 5.3 ilustra la sub-pestaña del Riesgo Operacional – Distribución Ajustada de las Pérdidas. Los usuarios inician seleccionando los segmentos de ajuste para configurar las distintas categorías de riesgo y los segmentos de las líneas de negocio, y, con base en el segmento seleccionado, las distribuciones ajustadas y sus valores-p se enumeran y clasifican de acuerdo al valor-p más alto al valor-p más bajo, yendo del mejor al peor ajuste estadístico para las distintas distribuciones de probabilidad. Los datos empíricos y las distribuciones teóricamente ajustadas aparecen de manera gráfica, y los momentos estadísticos aparecen para los datos reales versus los momentos de la distribución ajustada teóricamente. Después de decidir cuáles distribuciones se van a utilizar, los usuarios pueden entonces correr las simulaciones.

El Gráfico 5.4 muestra la sub-pestaña Riesgo Operacional – Pérdidas Estimadas por Riesgo utilizando la convolución de la frecuencia y la severidad de las pérdidas históricas, en dónde, dependiendo de cuál segmento de riesgo y línea de negocios se seleccionó, se exhiben los resultados de la distribución relevante de probabilidades a partir de las simulaciones de riesgo de Monte Carlo, incluyendo los resultados simulados sobre Frecuencia, Severidad, y la multiplicación entre frecuencia y severidad, denominada Distribución de Pérdidas Esperadas, así como la Distribución de Pérdidas Extremas (aquí es dónde las pérdidas extremas en el conjunto de datos se ajustan a las distribuciones extremas- Ver el Capítulo 4 para obtener más detalles sobre las distribuciones extremas y sus modelos matemáticos). Cada una de las tablas de distribución tiene sus propias entradas de confianza y percentiles en dónde los usuarios pueden seleccionar una-cola (cola derecha o cola izquierda) o dos intervalos de confianza de dos colas e ingresar los percentiles para obtener los valores de confianza (p.ej., el usuario puede ingresar el percentil 99.90% de la cola derecha para obtener el nivel de confianza del VaR de las peores pérdidas en el 0.10% de la cola izquierda).

Riesgo de Crédito (ERC)   Riesgo de Mercado   Gestión de Activos y Pasivos   Modelos Analíticos   **Riesgo Operativo**   Tabla de Instrumentos KRI

OPRISK Basilea (BIA, TSA, ASA, RSA)   OPCAR Basilea (AMA)   Análisis de Distribución de Pérdidas (AMA)   Estadística Simulación de Riesgos

Las Normativas de Basilea II y Basilea III permiten el uso de múltiples enfoques a la hora de computar la exigencia de capital sobre el riesgo operativo (definido como las pérdidas resultantes de procesos internos inadecuados o fallidos, personas y sistemas o de eventos externos, que incluye el riesgo legal, pero excluye los riesgos estratégicos y de reputación). El Método del Indicador Básico (BIA) utiliza los ingresos brutos positivos de los últimos 3 años se aplica a un multiplicador de Alfa. El Método Estándar (TSA) utiliza los ingresos brutos positivos de 8 líneas de negocio distintas con sus propios coeficientes ponderados por riesgo Beta. Método Estándar Alternativo (ASA) utiliza los Ingresos Brutos, así como los préstamos y anticipos totales para las líneas de negocio minorista y comercial ajustada por un multiplicador, y el Método Estándar Revisado (RSA) utiliza Ingresos y Gastos como variables proxy para obtener el Indicador de negocios utilizado en el cálculo de la carga de capital requerido. Las otras pestañas son para el método de medición avanzada (AMA), donde a partir de datos históricos de pérdidas, distribuciones de probabilidad ajustados sobre la frecuencia y la gravedad y a través de la Simulación de Riesgo de Monte Carlo podemos obtener

1. Método del Indicador Básico (BIA)

Categorías de Ingresos Brutos	Año 1	Año 2	Año 3	Alfa
Ingreso Bruto Anual	75,461,000	55,561,450	89,562,500	15%
Capital Cargado (BIA)	11,029,248	15.00%		

2. El Método Estándar (TSA)

Categorías de Ingresos Brutos	Año 1	Año 2	Año 3	Beta
Finanzas Corporativas	75,561,450	175,561,450	75,561,450	18%
Comercialización y Ventas	85,561,450	85,561,450	85,561,450	18%
Banca Minorista	55,561,450	85,561,450	55,561,450	12%
Banca Comercial	55,561,450	55,561,450	255,561,450	15%
Pago y Liquidación	95,561,450	95,561,450	95,561,450	18%
Agencia de Servicios	55,561,450	55,561,450	55,561,450	15%
Gestión de Activos	55,561,450	95,561,450	55,561,450	12%
Corretaje minorista	55,561,450	45,561,450	55,561,450	12%
Capital Cargado (TSA)	101,273,740	15.47%		

3. Método Estándar Alternativo (ASA)

Ingresos Brutos, préstamos y anticipos	Año 1	Año 2	Año 3	Beta
Finanzas Corporativas	75,561,450	175,561,450	75,561,450	18%
Comercialización y Ventas	85,561,450	85,561,450	85,561,450	18%
Total Préstamos Minoristas y Anticipos	155,561,450	285,561,450	355,561,450	12%
Total Préstamos Comerciales y Anticipos	411,561,450	655,561,450	755,561,450	18%
Pago y Liquidación	95,561,450	95,561,450	95,561,450	18%
Agencia de Servicios	55,561,450	55,561,450	55,561,450	15%
Gestión de Activos	55,561,450	95,561,450	55,561,450	12%
Corretaje minorista	55,561,450	45,561,450	55,561,450	12%
Préstamos; Multiplicador de Anticipos	0.035			
Capital Cargado (ASA)	79,377,204	15.96%		

4. Método Estándar Revisado (RSA)

Enter values below in thousands of Euro ('000 Euro) as Basel II/III categories are in '000 Euro.

Ingreso por Intereses	50,000	Beneficio Neto; Pérdida en la Cartera Negociación	51,250
Gasto de Intereses	5,254	Beneficio Neto; Pérdida en Libro Bancario	92,550
Ingreso por Comisiones	6,750	Enter the name of the currency type (e.g., Euro o...	Euro
Gasto por comisiones	8,195	Indicador de Negocios (BI)	213,891
Otros Ingresos Operativos	9,255	Capital Cargado (RSA)	61,574
Otros Gastos Operativos	1,145	Capital Efectivo de OPRISK %	28.79%

☑ Use Basel III Defaults

BI Categories (in '000 Euro)	100	1000	3000	30000
BI Ranges (in '000 Euro)	0-100	100-1000	1000-3000	3000-30000	Over 30000
Coeficiente Beta	10%	13%	17%	22%	30%

Nombre:

Sample III - BIA, TSA, ASA, RSA

Notas:

Modelo Guardado

Sample I - BIA, TSA, ASA, RSA
Sample II - BIA, TSA, ASA, RSA
Sample III - BIA, TSA, ASA, RSA

Guardar Como   Editar   Guardar

Nuevo   Borrar

Gráfico 5.1: Basilea III/IV Métodos BIA, TSA, ASA, RSA

Riesgo de Crédito (ERC) Riesgo de Mercado Gestión de Activos y Pasivos Modelos Analíticos **Riesgo Operativo** Tabla de Instrumentos KRI

OPRISK Basilea (BIA, TSA, ASA, RSA) OPCAR Basilea (AMA) **Análisis de Distribución de Pérdidas (AMA)** Estadística Simulación de Riesgos

Pérdida de Datos & Ajuste (AMA) Ajuste de Distribución de Pérdidas (AMA) Pérdidas Simuladas (AMA)

Datos de Pérdidas Internas: Mostrar 1,000 Filas Mostrar 50 Variables

Variables	VAR 1	VAR 2	VAR 3	VAR 4	VAR 5	VAR 6	VAR 7	VAR 8	VAR 9
Nombre	Risk Type	Biz Unit	Losses	Date Index					
1	XYZ	California	5.7182	7					
2	XYZ	California	2.3474	8					
3	ABC	California	12.5851	5					
4	ABC	New York	29.5335	5					
5	XYZ	New York	21.4308	1					
6	MNO	New York	11.3403	8					
7	XYZ	California	8.7417	1					
8	ABC	New York	57.5989	5					
9	ABC	California	2.1354	3					
10	ABC	New York	20.5699	6					
11	MNO	New York	0.5811	5					
12	MNO	New York	5.7012	2					
13	XYZ	California	7.7165	8					
14	XYZ	California	91.6430	5					
15	MNO	California	22.9218	5					
16	XYZ	California	21.2777	1					
17	MNO	California	6.6460	6					
18	XYZ	New York	19.1082	2					
19	MNO	California	24.3649	7					
20	XYZ	California	24.1996	8					
21	MNO	California	59.8262	1					
22	ABC	New York	1.9608	8					
23	MNO	California	3.5087	1					
24	MNO	New York	9.6244	5					

Data de Pérdidas es una Variable:
VAR 3: Losses

☑ Sólo Sirven Pérdidas Positivas
☑ Segmentar la Categoría de Riesgo por:
   VAR 1: Risk Type
☑ Segmentar Líneas de Ne...
   VAR 2: Biz Unit

○ Datos son el Plazo de un Periodo de Análisis
◉ Datos son de Múltiples Periodos:
   Identificador de   VAR 4: Date Index

Pruebas de Simulación: 10,000
☐ Aplicar Valor Semilla: 123
   kolmogorov-Smirnov

   Ejecutar Ajuste de Distribución

Guarde los datos si se desea:
Nombre: Bank Loss Data

Lista de Análisis Guardados: Guardar Como
Análisis
Bank Loss Data
Sample

   Nuevo   Borrar
   Editar   Guardar

Gráfico 5.2: Datos de Riesgos Operacionales en el Enfoque de Medición Avanzada (AMA)

Riesgo de Crédito (ERC)　Riesgo de Mercado　Gestión de Activos y Pasivos　Modelos Analíticos　**Riesgo Operativo**　Tabla de Instrumentos KRI

OPRISK Basilea (BIA, TSA, ASA, RSA)　OPCAR Basilea (AMA)　**Análisis de Distribución de Pérdidas (AMA)**　Estadística Simulación de Riesgos

Pérdida de Datos & Ajuste (AMA)　**Ajuste de Distribución de Pérdidas (AMA)**　Pérdidas Simuladas (AMA)

Para empezar, seleccione el segment par aver los datos ajustados

Segmentos de Riesgo: Lineas de Negocio

XYZ y California
XYZ y New York
ABC y California
ABC y New York
MNO y California
MNO y New York
Todo XYZ
Todo ABC
Todo MNO
Todo California
Todo New York

FRECUENCIA DE DATOS HISTÓRICOS AJUSTADOS

Por defecto ajustado con Distribución Poisson con:

◉ Auto Ajuste　　○ Anulación Manual (Media)　　21.1250

La distribución de Poisson describe el número de veces que un evento se produce en un intervalo dado, tal como el número de llamadas telefónicas por minuto o el número de errores por página en un documento. El número de posibles ocurrencias en cualquier intervalo es ilimitado, las ocurrencias son independientes. El número de ocurrencias en un intervalo no afecta el número de ocurrencias en otros intervalos, y el número medio de ocurrencias debe seguir siendo el mismo de intervalo a intervalo. Tasa o Lambda es el único

La distribución Weibull describe datos resultantes de pruebas de vida y fatiga. Es comúnmente usada para describir tiempo de falla en estudios de confianza y pruebas de control de calidad. Las distribuciones Weibull también son usadas para representar varias cantidades físicas, tales como la velocidad del viento. La distribución Weibull es una familia de distribuciones que pueden asumir las propiedades de otras distribuciones. Por ejemplo, dependiendo del parámetro de forma que usted defina, la distribución Weibull puede ser usada para modelar las distribuciones exponencial y Rayleigh, entre otras. La distribución Weibull es muy flexible.

SEVERIDAD DE DATOS HISTÓRICOS AJUSTADOS

Seleccionar los Parámetros de Distribución:

Alpha: 1.0541　Beta: 26.0963　Location: 0.1171

Top 10 Distribuciones		P-Value
◉	Weibull3	0.9984
○	Weibull	0.9971
○	Erlang	0.9130
○	Exponential	0.9130
○	Gamma	0.7941
○	Exponential2	0.5661
○	LognormalArithmetic	0.2746
○	Beta4	0.2346
○	GumbelMax	0.0620
○	Cauchy	0.0052

Guardar

	Actual	Teórico
Media	26.2461	25.6748
Mediana	17.6624	18.5493
Desviación Estándar	27.3333	24.2546
Sesgo	2.6665	1.8481
Curtosis	11.0695	5.0312
1%	0.2770	0.4493
5%	1.9679	1.6762
95%	75.5239	74.0111
99%	115.5710	111.2292

◉ Ejecutar Simulaciones en todos los Segmentos
○ Ejecutar Simulaciones en Segmentos Seleccionados

Ejecutar Simulación

Gráfico　Control

Historical Empirical Distribution vs. Theoretical Fitted Distributions

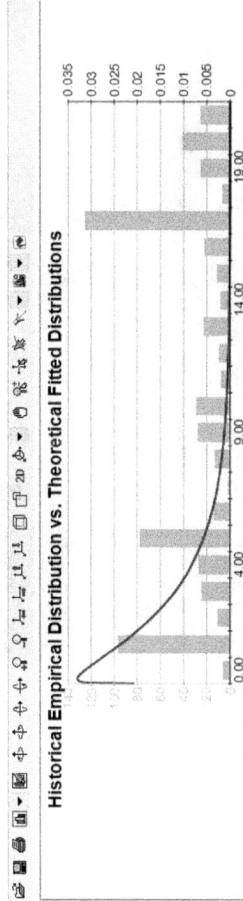

Gráfico 5.3: Distribuciones Ajustadas sobre Datos de Riesgos Operacionales

Riesgo de Crédito (ERC)   Riesgo de Mercado   Gestión de Activos y Pasivos   Modelos Analíticos   **Riesgo Operativo**   Tabla de Instrumentos KRI

OPRISK Basilea (BIA, TSA, ASA, RSA)   OPCAR Basilea (AMA)   **Análisis de Distribución de Pérdidas (AMA)**   Estadística Simulación de Riesgos

Pérdida de Datos & Ajuste (AMA)   Ajuste de Distribución de Pérdidas (AMA)   **Pérdidas Simuladas (AMA)**

Elija un Segmento Simulado para ver:

XYZ y California

Izquierda <=

Percentiles: 99.90   %

Mean of Loss Distribution Analysis (LDA): 532.8331
Economic Capital of Unexpected Losses (LDA): 3,282.8627
99.90% Economic Value at Risk (LDA): 3,815.6957

Frecuencia Simulada

Severidad Simulada

Distribución de Pérdida Esperada Simulado

	Frecuencia	Severidad	Distribución de Pérdidas
Media	21.2226	25.1065	532.8331
Mediana	21.0000	18.3040	374.1894
Desviación Estándar	4.6410	23.5282	523.2476
Sesgo	0.2066	1.7718	2.0377
Curtosis	0.0034	4.5329	6.6030
0.1%	8.0000	0.1461	2.8954
0.5%	10.0000	0.2612	5.1347
1.0%	11.0000	0.4328	7.9776
99.0%	33.0000	106.2143	2,427.3317
99.5%	34.0000	121.6861	2,755.2108
99.9%	36.0000	159.7472	3,815.6957
Izquierda 99.90%	36.0000	159.7472	3,815.6957

Gráfico 5.4: Simulación de Riesgos de Monte Carlo por Pérdidas Operacionales

El Gráfico 5.5 muestra los cálculos del modelo OPCAR (Capital Operacional en Riesgo) en Basilea III/IV, en donde la distribución de probabilidades de la Frecuencia de un evento de riesgo se multiplica por la distribución de probabilidades de la Severidad en las pérdidas operacionales, el enfoque en dónde la Frecuencia × la Severidad se denomina como el modelo de Aproximación de la Pérdida Simple (SLA). La SLA se calcula utilizando los métodos de convolución, combinando múltiples distribuciones de probabilidad. Es muy difícil y complejo de calcular los resultados cuando SLA utiliza los métodos de convolución y los resultados son únicamente aproximaciones, que son válidas solamente en las colas extremas de la distribución (p.ej., 99.9%). Sin embargo, la simulación de Riesgos de Monte Carlo ofrece una alternativa más sencilla y poderosa cuando se convolucionan y multiplican dos distribuciones de variables aleatorias para obtener la distribución combinada. Claramente el reto es configurar los parámetros relevantes de las entradas de distribución. Aquí es dónde el ajuste de datos y las herramientas de ajuste de los percentiles son muy útiles. Para obtener más detalles, le sugerimos leer el libro del Dr. Johnathan Mun, titulado *Modeling Risks* [Modelando Riesgos], *Tercera Edición* (Thomson-Shore).

El Gráfico 5.6 muestra los resultados de la simulación de convolución en donde se exhiben la distribución de la frecuencia de las pérdidas, la severidad, y las pérdidas esperadas. Las Pérdidas Esperadas resultantes (EL), las Pérdidas Inesperadas (UL) y el Total del Capital Operacional en Riesgo (OPCAR) también se calculan y muestran. EL, claro está, es el valor de la media de los resultados simulados, OPCAR es el percentil 99.90 de la cola, y UL es la diferencia entre OPCAR y EL.

El Gráfico 5.7 exhibe el ajuste de datos sobre la severidad de las pérdidas utilizando datos históricos de las pérdidas. Los usuarios pueden pegar los datos históricos de las pérdidas, seleccionar las rutinas de ajuste requeridas (Kolmogorov–Smirnov, el Criterio de Akaike, el Criterio de Información de Bayes, Anderson–Darling, Kuiper's Statistic, etc.) y correr las rutinas de ajuste de datos. En caso de tener dudas, utilice la rutina de Kolmogorov–Smirnov. Se enumerarán las mejores distribuciones de ajuste, los valores-p, y sus parámetros, y la misma interpretación aplica tal como se explicó anteriormente.

Por el contrario, el Gráfico 5.8 muestra el ajuste de percentil de por severidad de la pérdida, el cual es particularmente útil cuando no hay datos históricos de las pérdidas y cuando sólo existen supuestos de gestión de alto nivel sobre las probabilidades de ocurrencia de ciertos eventos. En otras palabras, al ingresar algunos percentiles (%) y sus valores correspondientes, uno puede obtener todos los parámetros de la distribución.

Estas herramientas de modelación le permiten a los bancos pequeños tener una primera aproximación a técnicas más avanzadas de gestión operacional de los riesgos. El uso de modelos internos permite una mejor calibración del capital regulatorio que, a sabiendas, sobreestima el riesgo operacional. El uso de diferentes escenarios que proporcionen varios resultados le permite a los bancos más pequeños tener una asignación de capital mucho más eficiente para el riesgo operacional que, siendo un riesgo del Pilar I, tiende a ser bastante costoso en términos de capital, y bastante peligroso a la vez, si el capital fue gravemente subestimado. Junto con las herramientas tradicionales de gestión de riesgos operacionales, tales como la autoevaluación y los KRI, estos modelos básicos permiten tener una adecuada estructura de gestión de riesgos IMMM, alineada con los últimos estándares internacionales.

Riesgo de Credito (ERC)   Riesgo de Mercado   Gestión de Activos y Pasivos   Modelos Analíticos   **Riesgo Operativo**   Tabla de Instrumentos KRI

OPRISK Basilea (BIA, TSA, ASA, RSA)   OPCAR Basilea (AMA)   Análisis de Distribución de Pérdidas (AMA)   Estadística Simulación de Riesgos

Ajuste de Severidad de Pérdidas   **Supuestos de Frecuencia y Severidad**   Resultados de la Simulación

Se muestran los modelos simulados de Aproximación Pérdida Individual (SLA) para el cálculo de las pérdidas esperadas (EL), pérdidas No Esperadas (UL), y de Capital en Riesgo Operacional (OPCAR) en el enfoque de Basilea II / III de medición avanzada (AMA). Todas las entradas deben ser: Lambda, Alpha, Beta, Mu, Sigma, ubicación, probabilidad, ubicación y ratio (Rho) pueden ser cualquier valor. Utilice los datos de severidad de pérdida y la pestaña percentil apropiado para identificar la distribución que mejor se ajusta y calibrar los parámetros de distribución pertinentes. Comience introduciendo los siguientes dos entradas mundiales de Distribución de Poisson de frecuencia media y Valor en Riesgo Operacional %, y luego proceder a introducir los insumos pertinentes para la distribución que ha seleccionado para ejecutar los resultados OPCAR

☐ Ejecutar Convolución (tendrá unos minutos para funcionar)

Modelar y Simular

Poisson (Distribución de Frecuencias)

Probabilidad (Operacional VaR %)	99.90%
Frecuencia Promedio (Poisson Lamb...	30.00

Número de Pruebas de Simulación	10,000
Valor Semilla de Simulación	123

Poisson-Exponencial Compuesta

Ratio medio (Rho)	0.01
Pérdidas Esperadas (EL)	
Pérdidas No Esperadas (UL)	
Capital en Riesgo Operacional (OPC...	

Poisson-Frechet Compuesta

Alfa (Forma)	1.50
Beta (Escala)	2.50
Pérdidas Esperadas (EL)	
Pérdidas No Esperadas ...	
OPCAR Simulado	

Poisson-Gamma Compuesta

Alfa (Forma)	1.50
Beta (Escala)	2.50
Pérdidas Esperadas (EL)	
Pérdidas No Esperadas ...	
OPCAR Simulado	

Poisson-Logística Compuesta

Alfa (Mediana)	1.50
Beta (Escala)	2.50
Pérdidas Esperadas (EL)	
Pérdidas No Esperadas (UL)	
Capital en Riesgo Operacional (OPC...	

Poisson-Log Logística Compuesta

Alfa (Mediana)	1.50
Beta (Escala)	2.50
Pérdidas Esperadas (EL)	
Pérdidas No Esperadas (UL)	
OPCAR Simulado	

Poisson-Lognormal Compuesta

Media (Mu) (Aritmetica)	1.50
Desv. Estándar (Sigma)	2.50
Pérdidas Esperadas (EL)	
Pérdidas No Esperadas ...	
OPCAR Simulado	

Poisson-Lognormal (Log) Compuesta

Media (Mu) (Log)	1.50
Desv. Estándar (Sigma)	2.50
Pérdidas Esperadas (EL)	
Pérdidas No Esperadas ...	
OPCAR Simulado	

Poisson-Gumbel Máxima Compuesta

Alfa (Modo)	1.50
Beta (Escala)	2.50
Pérdidas Esperadas (EL)	
Pérdidas No Esperadas (UL)	
Capital en Riesgo Operacional (OPC...	

Poisson-Pareto Compuesta

Alfa (Forma)	1.50
Beta (Mínimo)	2.50
Pérdidas Esperadas (EL)	
Pérdidas No Esperadas (UL)	
OPCAR Simulado	

Poisson-Weibull Compuesta

Alfa (Forma)	1.50
Beta (Escala)	2.50
Pérdidas Esperadas (EL)	
Pérdidas No Esperadas ...	
OPCAR Simulado	

Nombre: Model 1 - Simulation Only

Modelo Guardado

Model 1 - Simulation Only
Model 2 - Convolution 99.9%
Model 3 - Convolution 90%

Nuevo
Borrar
Guardar
Editar
Guardar Como

Gráfico 5.5: Supuestos de Frecuencia y Severidad – OPCAR, Basilea

Riesgo de Crédito (ERC)   Riesgo de Mercado   Gestión de Activos y Pasivos   Modelos Analíticos   **Riesgo Operativo**   Tabla de Instrumentos KRI

OPRISK Basilea (BIA, TSA, ASA, RSA)   **OPCAR Basilea (AMA)**   Análisis de Distribución de Pérdidas (AMA)   Estadística Simulación de Riesgos

Ajuste de Severidad de Pérdidas   Supuestos de Frecuencia y Severidad   **Resultados de la Simulación**

Elija un Segmento Simulado para ver:

Compound Poisson-Exponential ▾   ▾   Izquierda <= ▾   Percentiles: 99.90   %

Valor Simulado (Izquierda 99.90%):   23,375.43

	Frecuencia	Severidad	Distribución de Pérdidas
Media	29.9132	99.9919	2,995.1236
Mediana	30.0000	69.7891	2,071.8205
Desviación Estándar	5.5268	100.5328	3,093.5010
Sesgo	0.2224	2.2020	2.2374
Curtosis	0.1013	8.3145	7.8059
0.1%	15.0000	0.1010	2.7603
90.0%	37.0000	226.7143	6,876.3271
95.0%	39.0000	294.1162	8,891.7813
99.0%	43.0100	451.9866	14,614.0778
Izquierda 99.90%	49.0010	741.1107	23,375.4250

Pérdidas Esperadas Simuladas (EL): 2,995.12   Convolución de EL: 2,995.12
Pérdidas Inesperadas Simulados (UL): 20,380.30   Convolución de UL: N/A
99.90% OPCAR Simulado: 23,375.43   Convolución de OPCAR: 99.93%

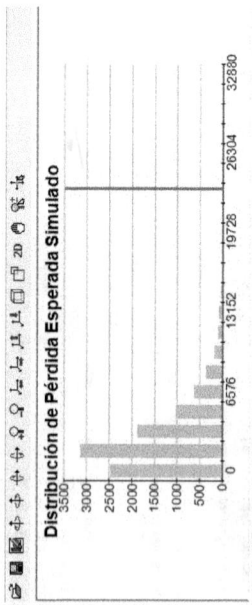

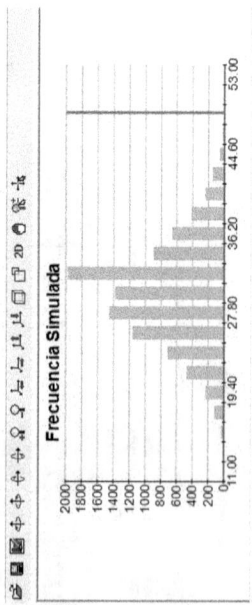

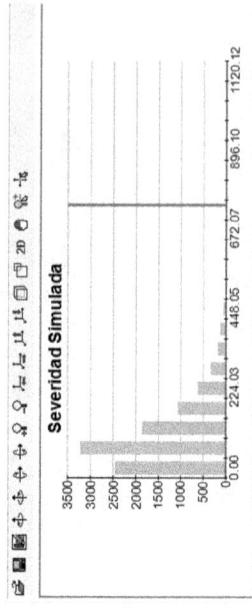

Distribución de Pérdida Esperada Simulado

(Gráfico de barras — eje: 0, 6576, 13152, 19728, 26304, 32880; 500, 1000, 1500, 2000, 2500, 3000, 3500)

Frecuencia Simulada

(Gráfico de barras — eje: 11.00, 19.40, 27.80, 36.20, 44.60, 53.00; 200, 400, 600, 800, 1000, 1200, 1400, 1600, 1800, 2000)

Severidad Simulada

(Gráfico de barras — eje: 0.00, 224.03, 448.05, 672.07, 896.10, 1120.12; 500, 1000, 1500, 2000, 2500, 3000, 3500)

Gráfico 5.6: Resultados de la convolución de la Simulación de Basilea para OPCAR

Riesgo de Crédito (ERC)　Riesgo de Mercado　Gestión de Activos y Pasivos　Modelos Analíticos　**Riesgo Operativo**　Tabla de Instrumentos KRI

OPRISK Basilea (BIA, TSA, ASA, RSA)　**OPCAR Basilea (AMA)**　Análisis de Distribución de Pérdidas (AMA)　Estadística Simulación de Riesgos

Ajuste de Severidad de Pérdidas　Supuestos de Frecuencia y Severidad　Resultados de la Simulación

Ajuste de Severidad de Pérdidas

● Usar Datos Históricos de Pérdidas y Ajuste de Distribución
○ Usar Estimaciones Ocurridas y Ajuste Percentil

Datos de Pérdidas　Mostrar　1,000　Filas　Mostrar　5　Variables

COUNT: VAR1 250; VAR2 250

Variables Nombre	VAR 1 Dept 1	VAR 2 Dept 2	VAR 3	VAR 4	VAR 5
1	2.121	0.599			
2	2.908	3.242			
3	3.598	1.713			
4	2.514	5.061			
5	1.430	2.547			
6	0.850	1.083			
7	2.391	6.897			
8	3.696	2.605			
9	2.253	2.425			
10	3.788	2.839			
11	5.425	0.532			
12	1.745	1.535			
13	4.223	0.814			
14	4.201	1.282			
15	4.360	4.198			
16	3.221	2.919			
17	3.767	0.143			
18	6.562	3.479			
19	4.578	0.402			
20	3.073	2.054			

Criterio de Información de Akaike

Mostrar Resultado de Ajustes　VAR 2

SEVERIDAD DE DATOS HISTÓRICOS AJUSTADOS

Seleccionar los Parámetros de Distribución:

Alpha: 1.8190　Beta: 1.2212

Top 10 Distribuciones	MAPE
Gamma	4.34%
PearsonVI	4.62%
Erlang	5.41%
Weibull	5.93%
Beta4	6.72%
LognormalArithmetic	8.27%
PearsonV	14.25%
ChiSquare	17.18%
Arcsine	17.77%
Rayleigh	19.19%

	Actual	Teórico
Media	2.1980	2.2215
Mediana	1.7705	1.8303
Desviación Estándar	1.5717	1.6471
Sesgo	1.1846	1.4829
Curtosis	1.3401	3.2985
1%	0.1174	0.1354
5%	0.3818	0.3484
95%	5.1429	5.4313
99%	7.3537	7.6904

Ejecutar Ajuste de Distribución

Test Statistical Structural Breaks　3

13　Fit

Puede pegar datos históricos de pérdidas en la cuadrícula para cada tipo de riesgo, seleccionar el método de ajuste de distribución, y ejecutar la rutina de ajuste. Las distribuciones de mejor ajuste se muestran con los más altos valores de p. Seleccione la distribución que desea utilizar para ver la comparación de datos reales y distribución teórica. Guarde los datos que requiere, y pegue los parámetros de distribución a la sección de supuestos.

Pegue los parámetros ajustados a la ficha de supuestos de Frecuencia y Severidad

Guarde los datos si se desea.

Nombre:　Historical Loss Severity

Lista de Análisis Guardados:　Guardar Como

Análisis
Historical Loss Severity
Subject Matter Expert Percentile

Nuevo　Borrar

Editar　Guardar

Gráfico 5.7: Ajuste del Percentil con respecto a la Severidad de la Pérdida- OPCAR, Basilea

[EXAMPLE] - ROV RIESGO DE CREDITO, MERCADO Y LIQUIDEZ

Riesgo de Crédito (ERC) Riesgo de Mercado Gestión de Activos y Pasivos Modelos Analíticos **Riesgo Operativo** Tabla de Instrumentos KRI

OPRISK Basilea (BIA, TSA, ASA, RSA) **OPCAR Basilea (AMA)** Análisis de Distribución de Pérdidas (AMA) Estadística Simulación de Riesgos

Ajuste de Severidad de Pérdidas Supuestos de Frecuencia y Severidad Resultados de la Simulación

○ Usar Datos Históricos de Pérdidas y Ajuste de Distribución
● Usar Estimaciones Ocurridas y Ajuste Percentil
Ingresar las Entradas   Decimales: 2

Ejecutar ajuste de Severidad de Pérdi.

	Parámetro	Valor	Percentil (%)
Percentil($)	▶	12.5	10.00%
Percentil($)	▶	25.3	85.00%

Test Statistical Structural Breaks   3

Distribución de Probabilidad	R-Cuadrado	Alpha/Mean/Rho	Beta/Stdev	Notes
Exponential	0.00%	1.00		Percentile:0.11; Percentile:1.90;
Frechet	100.00%	3.76	15.60	Percentile:12.50; Percentile:25.30;
Gamma	77.12%	6.31	2.85	Percentile:9.64; Percentile:25.30;
Logistic	100.00%	19.65	3.26	Percentile:12.50; Percentile:25.30;
Log Logistic	100.00%	18.54	5.58	Percentile:12.50; Percentile:25.30;
Lognormal (Arithmetic)	100.00%	19.33	6.02	Percentile:12.50; Percentile:25.30;
Lognormal (Log)	100.00%	2.92	0.30	Percentile:12.50; Percentile:25.30;
Gumbel	100.00%	16.53	4.83	Percentile:12.50; Percentile:25.30;
Pareto	100.00%	2.54	11.99	Percentile:12.50; Percentile:25.30;
Weibull	98.30%	4.00	21.56	Percentile:12.29; Percentile:25.30;

Usted puede usar los datos históricos de pérdidas o estimaciones en las cuadrículas de entrada y proceda a ejecutar la rutina de ajuste. Los parámetros de entrada que mejor se ajustan para todas las distribuciones se enumeran. Un alto R-cuadrado indica un buen ajuste. Guarde los datos que requiera, y pegar los parámetros de distribución a la sección de supuestos.

Guarde los datos si se desea
Nombre Historical Loss Severity

Lista de Análisis Guardados: Guardar Como

Análisis
Historical Loss Severity
Subject Matter Expert Percentile

<

>

Nuevo   Borrar
Editar   Guardar

Gráfico 5.8: Ajuste del Percentil con respecto a la Severidad de la Pérdida- OPCAR, Basilea

DESCARGA & INSTALACIÓN DEL SOFTWARE

Debido a que las versiones actuales del software se actualizan continuamente, les recomendamos muy especialmente que visite el sitio Web de Real Options Valuation, Inc., y siga las instrucciones que aparecen a continuación para instalar las aplicaciones más recientes del software:

- **Paso 1:** Visite **www.realoptionsvaluation.com** y haga *clic* en **Descargas** y en **Descarga de Software** (Gráfico A). Se le solicitará registrarse. Por favor primero regístrese si es un usuario de primera vez (Gráfico B) y de esta manera recibirá un correo electrónico automático en pocos minutos. (Si usted no recibe este correo electrónico de registro después de registrarse, por favor envíe una nota a support@realoptionsvaluation.com). Mientras recibe el correo electrónico automático, explore esta página y vea los videos de iniciación, los estudios de caso y los modelos de muestra, los cuales puede descargar gratuitamente.

- **Paso 2:** Regrese a este sitio e INRESE utilizando las credenciales de ingreso que recibió por correo electrónico. Descargue e instale las versiones más recientes del **Risk Simulator** y de **Real Options SLS** en esta página Web. Los enlaces para la descarga, las instrucciones de instalación y la información de ID del Hardware también aparecen en esta página (Gráfico C).

- **Paso 3:** Después de instalar el software, inicie Excel y verá una cinta de Risk Simulator. Siga los pasos que aparecen en la página Web para obtener las instrucciones y enviarnos un correo electrónico a support@realoptionsvaluation.com con su ID del Hardware. Mencione el código "**MR3E 30 Days**" para recibir una licencia extendida y gratuita por 30 días que podrá utilizar tanto en el software de Risk Simulator como en el de Real Options SLS.

Real Options Valuation

Testimonials | FAQ | Global Partners | Contact Us

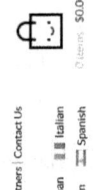

English Chinese (Simplified) Chinese (Traditional) French German Italian
Japanese Korean Portuguese (Brazil) Russian Spanish

Item: $0.00

CQRM CERTIFICATE | TRAINING | CONSULTING | SOFTWARE | BOOKS | DOWNLOADS | PURCHASE |

SOFTWARE DOWNLOADS

GETTING STARTED AND
MODELLING VIDEOS

PRODUCT BROCHURES

SAMPLE MODELS

WHITEPAPERS AND CASE STUDIES

DOWNLOAD CENTER

You can also visit our mirror download site if you have problems downloading from this page

Welcome to Real Options Valuation, Inc.'s download center. Here you will be able to download versions of the software you have purchased (license information required to install these full versions), product brochures, case ple training videos to help you get started in using our software, as well as sample Excel models to use with Risk Simulator and Re... ...ftware.

GETTING STARTED AND MODELING VIDEOS

The following are some live-motion and voice narrated videos which are playable on your computer using Windows Media Player or other video players capable of WMV playback. You can simply click on any of these links below to view the streaming videos.

ROV SOFTWARE GETTING STARTED VIDEOS

We also have some more detailed Risk Analysis and Risk Simulator software getting started videos that you can download and watch. These videos total about 2 hours. For even more detailed training, please check out our set of 12 Training DVDs (over 30 hours) or our hands-on Certified in Risk Management seminars (4 days). The following are updated detailed getting started videos on Risk Simulator, featuring all the new tools such as Auto ARIMA, GARCH, JS Curves, Cubic Spline, Maximum Likelihood, Data Diagnostics, Statistical Analysis, Modeling Toolkit, and more...

Gráfico A: Paso 1 – Sitio de descarga del Software

DOWNLOAD CENTER

You can also visit our mirror download site if you have problems downloading from this page

Welcome to Real Options Valuation, Inc.'s download center. Here you will be able to download trial versions of our software, full versions of the software you have purchased (license information required to install these full versions), product brochures, case studies and white papers, and sample training videos to help you get started in using our software, as well as sample Excel models to use with Risk Simulator and Real Options Super Lattice Solver software.

YOU ARE REQUIRED TO LOGIN TO VIEW THIS PAGE.

Username

Password

LOG IN   REGISTER

Gráfico B: Registrese si usted es un visitante de primera vez

English | Chinese (Simplified) | Chinese (Traditional) | French | German | Italian
Japanese | Korean | Portuguese (Brazil) | Russian | Spanish

CQRM CERTIFICATE | TRAINING | CONSULTING | SOFTWARE | BOOKS | DOWNLOADS | PURCHASE |

Real Options Valuation

0 items - $0.00

FULL & TRIAL VERSION DOWNLOAD:

Download Risk Simulator 2018 – Auto Installer
Download Risk Simulator 2018 – Auto Installer (mirror site)
Download Risk Simulator 2018 – For 32 Bit Excel
Download Risk Simulator 2018 – For 32 Bit Excel (mirror site)
Download Risk Simulator 2018 – For 64 Bit Excel
Download Risk Simulator 2018 – For 64 Bit Excel (mirror site)

Download OLDER version of Risk Simulator 2014 (WIN x64 and Excel x32 edition)
Download OLDER version of Risk Simulator 2014 (WIN x64 and Excel x32 edition) (mirror site)

This is a full version of the software but will expire in 15 days, during which time you can purchase a license to permanently unlock the software. Please first uninstall all previous versions of Risk Simulator before installing this newer version.

To permanently unlock the software, purchase a license and e-mail us your Hardware ID (after installing the software, start Excel, click on Risk Simulator License, and e-mail admin@realoptionsvaluation.com the 16 to 20 digit Hardware ID located on the bottom left of the splash screen). We will then e-mail you a permanent license file. Save this file to your hard drive, start Excel, click on Risk Simulator License, Install License and point to the location of this license file, restart Excel and you are now permanently licensed. Installing the license only takes a few seconds.

SYSTEM REQUIREMENTS, FAQ, AND ADDITIONAL RESOURCES:

* Windows 7, 8, and 10 (32 and 64 bits)
* Microsoft Excel 2010, 2013, or 2016
* 2GB RAM Minimum (4 GB recommended)
* 600 MB Hard Drive
* Administrative Rights to install software
* Microsoft .NET Framework 2.0, 3.0, 3.5 or later
* MAC OS users will require either Virtual Machine or Parallels running Microsoft Excel

Gráfico C: Descargar los vinculos y las instrucciones de ID del Hardware

ÍNDICE

www.ingramcontent.com/pod-product-compliance
Lightning Source LLC
Chambersburg PA
CBHW060031210326
41520CB00009B/1081